問題解決ラボ

「あったらいいな」をかたちにする「ひらめき」の技術

nendo 佐藤オオキ

ダイヤモンド社

はじめに　「デザイン目線」で考えると、ホントの課題が見えてくる

海外出張。トイレに入っていきなり小便器に大便が入っていたら、皆さんはどう感じますか？　自分は3つの可能性を考えます。

1．とんでもない非常事態に陥った
2．文化の違いによる誤解
3．凡ミス

お初にお目にかかります。デザイナーの佐藤オオキと申します。

自分にとっての「デザイン」とは、日常のちょっとした出来事を見逃すことなく、そこから何らかのアイデアを抽出することです。なので、このコペンハーゲン空港のトイレ内にて繰り広げられていた有り様を、決して受け流すわけにはいかないのです。

いいえ。別にトイレを「流す」ことと掛けたわけではありません。

1と2と3。その理由がどれであったにせよ、「その瞬間」を目撃してしまった人も、目撃されたほうも、心的ストレスによるトラウマを今でも抱えていることは容易に想像がつきます。そして、どのような体勢で事が行われたのかが気になって仕方がありません。

と同時に、１５９６年にタンク式水洗トイレがジョン・ハリントンによって発明されて以来、そのデザインがほとんど変化していないことに気づくわけです。

19世紀後半あたりのトイレを見ると、すでに今のものとほぼ一緒です。「トイレはこういうもの」という既成概念を取り除けば、新たなトイレのカタチの可能性が出てくるんじゃないか。

そういったあらゆる出来事の「理由」だけでなく「前後左右」をも予測し、それらすべてをインスピレーションの素にするのが自分の日常業務ともいえます。

今現在、世界中の約70社と３００以上のプロジェクトを進めています。業務範囲はインテリアから、家具、家電製品、生活雑貨、パッケージや企業ロゴをはじめとしたグラフィックデザイン、さらには企業のブランディングや駅前開発等の総合デザインまで、多岐にわたります。

重要なのはデザインのジャンルではなく、新しい視点を提供することでいかにして目の前の問題を解決できるか、です。「あめ玉」でも「高層建築」でも、デザインするなかで考えていることは、どちらもたいして変わらないのです。

こうした新しい視点での問題解決に必要なものこそ、「デザイン目線」で考える、ということ。今までさんざん悩んでいた問題には全然違う側面があると気づくことができ、アイデアが「詰まり」なく出てくる体質になり、問題解決の新しい筋道が見つかって……と、真の課題、本当の答えにたどり着くことができるようになります。

そのために、本書では「問題発見」「アイデア出し」「問題解決」「アイデアの伝え方」「デザイン」の5つの章にさまざまなスキルをちりばめました。そして、その1つひとつに、「オモテ面」と、それを補足する「ウラ面」を用意しています。

ここで強調しておきたいのは、このデザイン目線は、デザイナーだけができる特殊なスキルではないということです。普段アイデアが出なくて悩んでいる人にとっても、「ひらめく」ためのヒントがたくさんあると思っています。

自分にしても、最初からアイデアなんてあるわけがなく、頭の中は常に「空っぽ」。

読者の皆さんにも、頭を「空っぽ」にしてお読みいただくことで、タイクツな日常の中に潜む小さなアイデアを発見するキッカケとなることを願っております。

体内の毛細血管を介して酸素を吸入するがごとく、アイデアを取り込む。しっかり吐き出して「空っぽ」になることで、より多く吸い込める。

問題解決ラボ

「あったらいいな」をかたちにする「ひらめき」の技術

目次

第1章　デザイン目線で考えると、正しい「問い」が見えてくる

――オオキ流「問題発見」講座

第2章 デザイン目線で考えると、ありそうでなかった「アイデア」が見えてくる
——オオキ流「アイデア量産」講座

第3章 デザイン目線で考えると、ホントの「解決法」が見えてくる
——オオキ流「問題解決」講座

第4章 デザイン目線で考えると、刺さる「メッセージ」が見えてくる
——オオキ流「伝え方」講座

第5章 デザイン目線で考えると、見えない「価値」が見えてくる
——オオキ流「デザイン」講座

第1章

デザイン目線で考えると、正しい「問い」が見えてくる

――オオキ流「問題発見」講座

1 本当の課題は、相手の話の「ウラ」にある

大学を出てからそのままデザイン事務所ネンド（nendo）を始めて、約13年がたちました。

デザイン事務所がどのように運営されているかはあまり一般的に知られていませんが、大掛かりな設備投資や好立地の店舗などを構える必要がなく、基本的には依頼されたデザインをして、報酬をいただくという、なんとも単純な商売です。

ところが、デザイン事務所の経営にはジレンマが常につきまといます。「デザインをがんばればがんばるほど儲からない」のです。

斬新なアイデアにチャレンジしようとすればするほど手間がかかります。既存の技術や素材の範疇《はんちゅう》では実現が難しく、膨大な時間をかけてリサーチや検証を重ねないといけませ

ん。逆に、目立つところをサラリと「お化粧」するだけなら、汗ひとつかかずにデザインフィーをいただけてしまいます。

ただし、いくら「お化粧上手」になったところで、それは所詮、小手先の技術。たいしたスキルを要しないために他の事務所との差別化ができず、これはこれで「ジリ貧」なわけです。

作業量やアイデアの善し悪しに応じた報酬体系ならこういった問題は起きないのでしょうが、デザインフィーはそもそも、依頼主が手掛けている商品の予算次第で決まってしまいます。

プロダクトなら「商品開発費」、インテリアだと「店舗開発費」に含まれることが多く、売り上げから償却しないといけない。「内装代はデザインフィー込みで〇〇万円」と、要は経理上は壁紙と同じ扱いなのです。

普通に考えると、低予算なときこそ創意工夫が必要なため、デザインに投資しないといけない気もしますが、そうはいかないようです。

エステーの「自動でシュパッと消臭プラグ」は、既存の電池式の消臭芳香剤をベースに、外装だけをキレイに整えてほしい、という依頼でした。

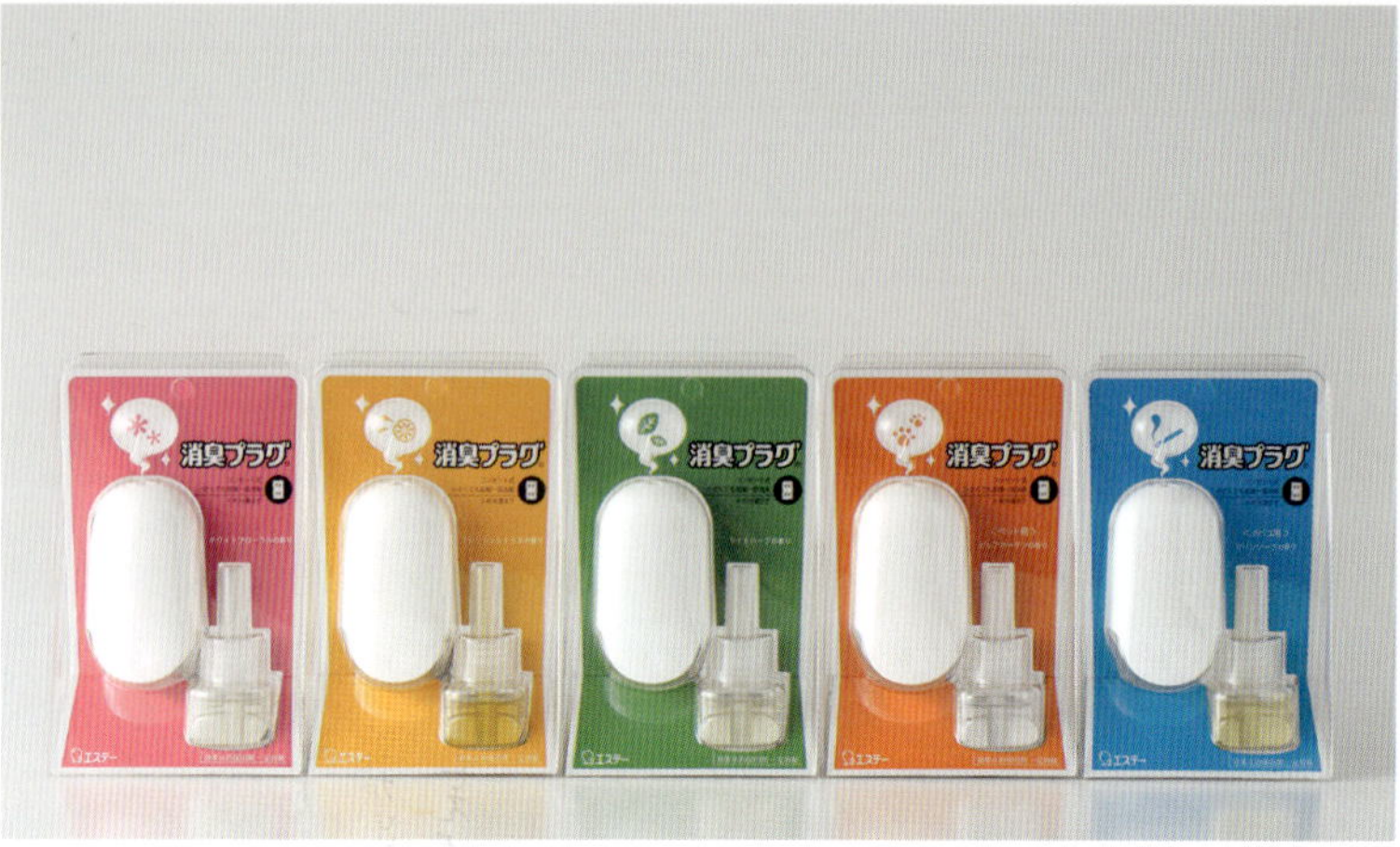

Masayuki Hayashi

これに対して、内部の構成要素の簡略化や配置換えを提案し、約25%のコンパクト化に成功しました。以前よりも安く製造できるデザインで、結果的にリニューアル後の売り上げも半年で前年比2倍に伸びました。

このように、**実は必ずしも「デザイン=コスト増」ではないのです。**依頼主のおサイフが小さいから、デザイナーも「割に合う程度にしかがんばらない」では誰もハッピーになりません。

きっと、おサイフ自体を広げられるような「がんばり方」をデザインすることも、これからのデザイナーには必要なのかもしれません。

「制約」を少しずつ落として選択肢を増やす

ものづくりには制約がつきもの。しかしその制約をすべて額面通りに受け取っていては、新しい解決策が出ないことも多いもの。こうしたとき、制約を少しずつ崩してみると、アイデアにバリエーションが出ます。

たとえば、制約が10個あったら、順番に1個ずつ落として、まず9通りにします。1番を落としてみて、2から10を大事にして考えてみる。次は2番を落としてみて、1と3から10は大事にしてシミュレートしてみる。そうやって考えていって、アイデアをどんどん出していくんです。それが一巡したら、今度は1と2の2つを落としてみて、3から10で考えてみたり、思い切って1、2、3を外してみたり。そのようにして多様なルールのもとで取りうる選択肢をたくさん出していきます。

結果、1個落とすだけでこんなにいけるのなら、この条件を落としても成り立つんじゃないか、など当初は思ってもいなかった解決策が生まれます。

2
必要なのは、「半歩」前に出る感覚

公衆トイレの小便器の上に「半歩前に」と書かれた紙が貼られていました。あまりにも謙虚な言葉に、一瞬出るものも出なくなった……というほどのことではないですが、あえて「1歩」を求めないところに管理人の上手さを感じます。

1歩前に出てしまうと、床の飛散物を踏むリスクが格段に上がるのは自明の理ですが、「半歩くらいなら何とか……」となるのが人の心理です。

ただ、一度飛び散ると近寄れないゾーンができて、次の人がそのゾーンの外から用を足してさらにゾーンが拡大する、という負のスパイラルがありますよね。

最終的にバスケの3ポイントシュートみたいな状況になっていることもありますが、そんなことはさておき、**「半歩前くらいがちょうどいい」**のはトイレに限った話ではありません。

新しいコンセプトの商品開発だからといって、鼻息荒く「誰も見たことがないものを」となると危険です。1つ間違えるとユーザーの皮膚感覚と大きなズレが出てしまうからです。

「誰も見たことがないもの」は、「誰も求めていないもの」と紙一重。理想は「本来はそこにあるはずなのに、なぜかない」ものを「補充する」くらいの感覚です。

この「半歩」の歩み寄りが重要で、ユーザーと同じ目線で判断できるようになり、今この瞬間にユーザーが求めているものの中心を射貫くことができるんじゃないか、と思うわけです。

それが、俗にいう「ありそうでなかった」もの。最近でいえば、ＰＣ用メガネや消せるボールペンなんかがそうかもしれません。

大事なのは、「対象物を置いてあげる」ことです。空間に光がないと暗闇になることは、誰もが頭ではわかっています。だけど、光は目に見えないわけで、そこにモノが介在した瞬間に光がまとわりついて、初めて光の存在に気づきます。

つまり、受け止める対象物がないと、人は知覚することができないわけです。

棚に新商品を置くのではなくて、そこにすでに存在していたけど、見えていなかったものを見えるようにしてあげる。そんな感覚が突飛なものになることを防ぎ、お客さんが自然と「半歩」近づいてくれる商品を生むのかもしれません。

「スキマ」をよく見て、埋めていく

その棚に本来はあるべきものなのに、なぜかそこに穴が開いていてそれを埋めてあげる。これはつまり、突飛なものを作らないようにする、という話でもあります。

そのためには、ものとものの「スキマ」をよく見るのが効果的。商品AとBがあると、「じゃあ、Cで勝つぞ」ではなくて、AとBの間はどれぐらいのスペースがあるんだろうか、どのくらい深いスキマなんだろうかと考えます。あるいは、商品とユーザーの求めているもののスキマもあります。人とものの間にあるスキマをできるだけ見ていくのです。

といってもこの「スキマ」の話、実は海外で講演したときにお客さんから言われたことだったりします。「ネンドのデザインは、たとえるなら、夜空に輝く星だけを個別に見るのではなく、星と星の間にある夜空も含めて全体を見る感じだよね」と。要は、スキマをよく見て、そこを埋めていくデザインということらしい。うまいことを言う人がいるなとびっくりしたのでした。

3
「ありそうでなかった」は「ふとした不便」から見つかる

今回はお酒の話を少々。

そもそもデザインとお酒のつながりは強いのですが、これは欧州のデザイン界がパーティ文化で成り立っていることが大きな原因です。デザイン関係者はここで顔を売り、人脈を広げたり情報交換をしたりします。

パーティでは地元のシャンパンやワインはもちろん、ミラノなどでは「カンパリ」が定番です。ソーダで割った「カンパリソーダ」が通常ですが、ストレートでちびちび飲む「カンパリビター」も人気です。

このカンパリの対抗馬がジンの一種「ボンベイ・サファイア」。青色が特徴的な美しいボトルは、どこに行っても見かけます。

で、この両雄を合わせた、まさに『キャプテン翼』で大空翼と日向小次郎が力を合わせて放った〝ジャンピング雷獣シュート〟状態のカクテルが「ネグローニ」。ミラノサローネ（毎年4月に開催される国際家具見本市）期間中はお店を中心に半径50メートルの人集《だか》りが朝まで消えることのない老舗バー「バー・バッソ」の定番ドリンクとしても有名です。

巨大なグラスに氷を入れ、ジンとカンパリにスイートベルモットを加えて2：1：1の比率で楽しむものですが、いちいち補充をせずとも氷を少しずつ溶かしながらダラダラ飲みつづけられる、まさに話好きのイタリア人のために生まれてきたようなカクテルです。

かく言う自分もネグローニにハマっておりまして。割る比率を変えたり、ベルモットの種類を変えたりと、なかなか飽きません。しかも必要なお酒はどれも保管が楽。あとは氷さえあればいい。このものぐさな感じもまたイタリア人に支持される所以《ゆえん》なのでしょうね。

最近、ボンベイ・サファイアのためにデザインを手掛けました。「ジントニック」をはじめ、ジン系カクテルは飲む直前にライムを搾るため、**指がベタベタになったり、搾った後のライムがテーブルやカウンターを汚したりしているのを見かけます**。そこで、シリコンゴムでできた「ライム用ケース」を作りました。

グラスのフチにつけてサーブされ、搾ったらそのままテーブルに置けば指もテーブルも汚れません。真っ赤なカンパリと違い、ジンは無色透明なためにパーティではアピール力に欠けるのが弱点でしたが、このケースによってブランドの視認性も高まりました。

早速、秋の東京デザイナーズウィークのパーティでも活躍したそうですが、肝心の自分はパーティが相変わらず苦手なもので、自宅でネグローニをちびちび飲んでいたわけでした。

Akihiro Yoshida

「ありそうでなかった」アイデアは一人歩きして広がっていく

「ありそうでなかった」ものをひらめくことが目的化してしまっている人をたまに見かけます。それはあくまで手段であり、本当の目的は「隠れたニーズ」を引き出すことのはず。

たとえライムのような小さなものごとでも、「何か問題はないかな。みんな本当に満足しているのかな」と問うことが先です。結果として、アイデアが「ありそうでなかった」と人から言ってもらえるという話なんですが、この順序を逆にしてしまうと、「そもそも必要ないからない」アイデアになり、正解には決してたどり着けません。

「ない」には必ずわけがあります。やるべきことは、隠れたニーズを引き出して、問題の核心を探していくことです。

ちなみに、本物の「いいアイデア」とは、1つのアイデアからどんどん派生していく、広がっていくもの。多くの人の頭の中で化学反応を起こし、さまざまな問題解決に応用され、自分の知らないところで成長して一人歩きしていくものが、本当にいいアイデアだと思います。

4 「ちょっとした思いつき」から課題を見つける——串刺し発想法

「ちょっとした思いつき」がデザインになることがあります。いや、むしろそういったことのほうが多いかもしれません。

「夜空の星と星の間に関係性を見出して『星座』を発見する作業に近い」と説明するデザイナーもいますが、自分の場合は「星座」というより**「焼き鳥」のように複数のイメージを連ならせる**、と説明するほうがシックリきます。

「ん?」と気になったことを無作為に頭の中で浮遊させて、いくつかの要素が1列に連なって見えるポイントを探して、ブスッと1本の直線で串刺しにする感じです。

このとき、**直線であることが大事なんです。「直線=最短距離」なので、文字通り複数のイメージが「直結」するからです。**

たとえば、先日パリのカフェで休憩していたら、雰囲気のある老人が入ってきて、帽子をイスの上に置いたんです。その少し後、携帯電話が見つからず慌てた様子だったのですが、帽子の下に隠れていたことに気づいたらしく、自分で少し呆れていました。

その光景がなんとなく印象に残り、帽子のようなものがテーブルや棚に置かれ、普段隠れていてもいいものはその下に入れておく、というような収納の考え方ってこれまでなかったよなあ、というふうに「頭の中に浮遊させていた」わけです。

時を同じくして、デンマークの家具メーカー「ボーコンセプト（BoConcept）」から、家具と雑貨から成るコレクションを依頼されました。リサーチをしていく中で、今度は北欧のインテリアなどに見られる木製の小さな置物が気になっていました。

これには鳥だったりサルだったりさまざまな形をしたものがあるのですが、どことなくインテリアをほっこりと和ませてくれる役割があり、北欧ではとても人気のある商品です。

この「帽子」「下に何かを隠す収納」「木製の置物」「鳥」という複数の浮遊物をブスッと刺して生まれたのが、ボーコンセプトのためにデザインした「hat-bird」です。

鳥と帽子が融合したような形で、裏にあるわずかなくぼみによって鍵や小銭程度のものを隠しておくことができる木製の置物です。

BoConcept

チェアやソファ、棚や絨毯《じゅうたん》など15アイテムから成るコレクションの中の1アイテムに過ぎない商品ですが、「ちょっとした思いつき」から生まれた愛着のあるデザインなのでした。

思いつきは
お隣さんの頭の中で成長する

「ちょっとした思いつき」を頭にストックしていると言うと、「自分にはできない」とよく言われるのですが、そういう人に限って、思いついたことは頭の中にしまっておかなきゃ、と考えていることが多いです。

そうではなく、思いついたらまず言ってみる。すると、それを聞いた誰かが、自分の思いつきを膨らませてくれるかもしれません。

恥ずかしいという思いは禁物。評価されてもされなくても、答えや出口が見つかっても見つからなくても、気にしない。ブレーキを取り払い、1回ポーンと宙に投げてみることで、「たしかにそれはどうでもいい話だけれど、それはこれに通じるよね」と誰かが言ってくれる場合は、必ずあります。

言うなればオヤジギャグと一緒。相手が求めている、いないにかかわらず、思いついたことをとりあえず口にする習慣を身につけると、楽にアイデアが出て、たくさんの選択肢を持てるようになります。ちなみに紙に書いてストックする方法は60ページで紹介しています。

5 「二度見」で情報は何倍にもなる

――「超・遅読法」のススメ

自分は書籍を読むのが異様に遅いんです。子どもの頃に好きだったせいか、未だに移動中はマンガを夢中で読みますが、2〜3冊もあれば12時間くらいのフライトは十分に潰せます。

雑誌も時間がかかります。美容室では、さほど興味のない女性誌を2時間かけてやっとこさ1冊読めるかどうか、という具合。本は言うまでもありません。

その原因を少し考えてみると、どうやらどんな細かい文字や絵も見逃さないように隅々まで眺め、しかもかなりの割合で「二度見」しているようなのです。

しばらく読み進むと、数ページ前のことが気になって確認しに戻る。すると今度はその前のことが気になって、さらにページを遡《さかのぼ》る。しかも合間合間でボーッと本の内容とは無関係なことに考えを巡らせます。これでは「読み進む」というより「読み戻っている」状態ですから、いつまでたっても1冊を読み終えられないのは当然です。

でも、この読み方で面白いのが、1回目に気づかなかったことを2回目に発見できること。読み終えた書物は、まるで出汁《だし》を取り尽くされた昆布のようにクタクタになるんですけどね。

で、**この「超・遅読法」ですが、実は脳がものごとを考えるメカニズムと関係しているっぽいのです。**

脳はまず情報を（1）「認識」し、その中から（2）「理解」できた情報を（3）「判断・思考」し、自分にとって有意義と思われる情報だけを（4）「記憶」するそうです。

このとき、（1）～（3）はすでに（4）記憶された情報と照合することで、よりスムーズに行われるのが興味深い。

そう考えると、じっくりと細部まで観察することで（1）認識の間口を広げ、「二度見」することで多様な（2）理解の仕方をし、ボーッとすることで過去の（4）記憶と照らし合わせながら十分な（3）思考が可能になる。結果的に、限られた情報から多くの知識を抽出する最適な方法なのかもしれません。

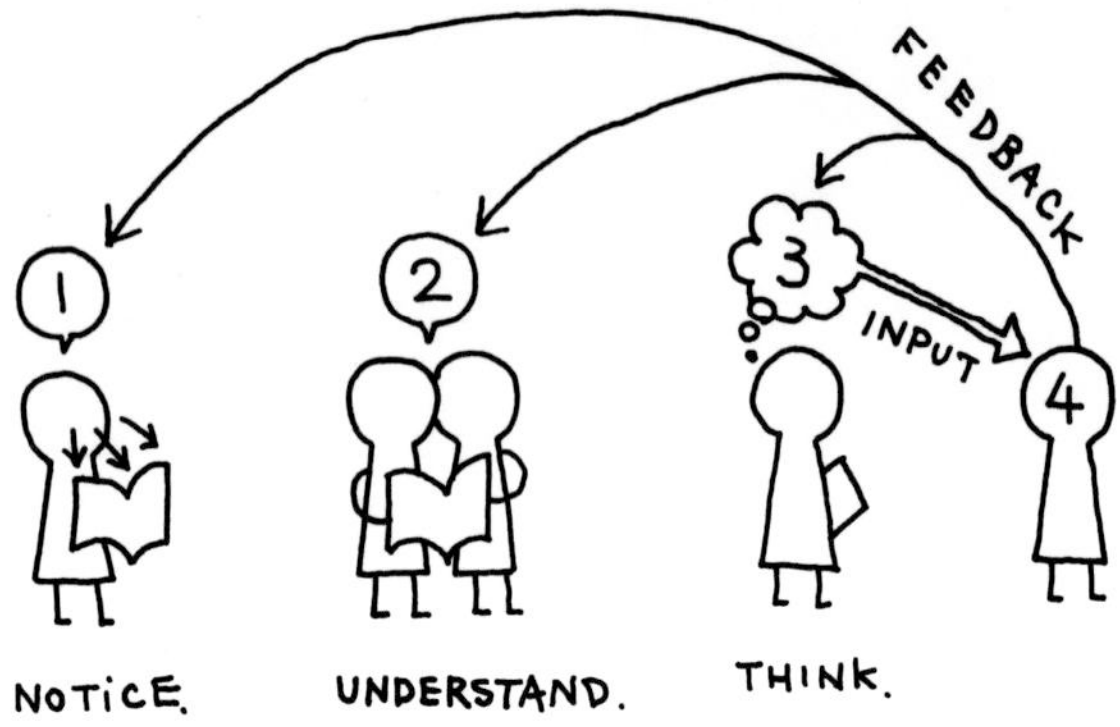

逆にアウトプット、つまりデザインをするうえで問題なのが、斬新すぎてユーザーが（2）理解できないこと。これではデザインを（3）判断する前に脳内で脱落してしまいます。そうならないためにはユーザーの（4）記憶を意識することが大切です。どこかで見た、感じたことがあるもの。そういうデザインが脳には優しいのです。

と、自分のマンガ好きは、やはり子どもの頃の（4）記憶が原因なんだろうな、と妙に納得するのでした。

二度見のポイントは「キレ」と「コク」の2段階

二度見のポイントは、第一印象を大切にすることと、見慣れたときにどう見えてくるかを意識することです。

企画を進めていくうえでの大きなリスクは、プロジェクトメンバーが徐々に第一印象を忘れ、ユーザーの感覚から乖離していくことです。見慣れれば見慣れるほど、第一印象に立ち返れるかが大事になってきます。「ちょっと待って。みんなが最初に見たときに、全然そういう目で見なかったよね」と。その第一印象があって初めて、二度見が生きてくるんです。

たとえるなら、ビールのキレとコクみたいな感じでしょうか。最初、喉でゴクゴクと飲みますが、飲んでいるうちに苦みや深みなどの味わいが出てくる。どっちが大事かというと、どっちもきちんと活かしていくことが、情報を吸い出すときもアイデアを出すときも大事になってくるのです。

第一印象と、2回目以降の見慣れてきた段階で何があぶり出されてくるか、その2つの情報を意識することが、二度見のコツです。

6

「キレイ」よりも「ブサかわいい」が記憶に残る

年に1度のデザインの祭典「ミラノサローネ」。

2014年はとにかく来場者が多かった。どこも人、人、人……。2002年に初めて訪れたサローネと同等かそれ以上のにぎわいでした。2003年のイラク戦争、2008年のリーマン・ショックを経て、ようやく持ち直してきた、といったところでしょうか。

とはいえ、この活況をよそに欧州の景気は相変わらずの状態で、家具メーカー各社の苦戦はまだまだ続きそうです。これはデザインのトレンドにも色濃く反映されており、金型などの先行投資を必要としない木製家具や、大理石、真ちゅう、銅といった素材が多く見られました。ここに「エコブーム」の後押しもあり、この流れはしばらく続きそうな予感がします。

そして、この「リスクフリー」なデザイントレンドは起用デザイナーにも見られるようで、過去の巨匠デザイナーたちのデザインの権利を買い取り、復刻させるメーカーが増えています。

こうした「隠れた名作の復刻」は安定してファンがいるので売り上げも予測することができ、販売企業にアカデミックなブランドイメージを付加することもできるという、1粒で何度も美味しい手法なのです。

これらが複合すると必然的に「レトロ調」のテイストが主流となるわけですが、日本をはじめとするアジア出身のデザイナーにはなかなか馴染みの薄い表現なので、苦戦は必至です。

ちなみにこの年も日本企業や日本人デザイナーが数多く出展をしていましたが、たしかにいいんだけど、あと一歩何かが足りない感が否めません。国民性の問題かもしれませんが、おとなしくて礼儀正しいデザインとでも呼ぶべきでしょうか。

これだけ多くのデザインが一堂に集まると、印象に残る「何か」がないと、一瞬評価されても次の瞬間に忘れ去られてしまいます。キレイだけど記憶に残らない。顔が整いすぎた女性タレントみたいな感じです。

Akihiro Yoshida

ちなみに、自分が２０１４年に発表した中に、小さなルームフレグランスがありました。ボトルにリボンが結びつけられているだけのシンプルなものですが、リボンの一部がボトルの中に入っていることで、装飾だけでなく香りを発散してくれる役割があるというものです。

リボンというかわいい存在が持つ、吸水性というかわいくない「何か」に着目した、「ブサかわいい」デザインなのです。

アイデアが記憶に残る条件「ポジ＋ネガ」

アイデアが記憶に残る条件を考えると、逆説的ですが、アイデアの中にあるデメリットを残すことにあるんじゃないか、と思うんです。ネガティブな要素と一緒に伝えることによって、全体としてはポジティブに伝わる、と。

香水は、いいにおいばかりで作るとうまくいかず、1つぐらいすごく臭いにおいを入れると魅力的な香りになるといいます。同様に、欠点のないアイデアは、愛着もわかないし、記憶にも残らない。メーカーから、ネガティブ・チェックやユーザー調査をしすぎた結果、たしかにコスト・パフォーマンスはいいし、使い勝手もいいけれども、わざわざ買わないな、という個性のないものができてしまった、といった話を聞くこともあります。

商品はやっぱりキャラが大事。キャラクターにはみんな欠点があります。「ドラえもん」はネズミが苦手だし、しっぽを引っ張られたら電源オフになっちゃう。その「弱さ」があるからストーリーが生まれるし、感情移入もできるんです。

7 「はみ出す」流儀が発見につながる

やたらと「ムチャ振り」をされることが最近増えてきました。

「エル・デコ（ELLE DECOR）」という雑誌で毎号6ページの連載をさせていただいているのですが、ブッキングから取材、翻訳、執筆、イラストまでやっています。これに加えて自分で撮影もしてきてほしいと。

さすがに対談しながら女子高生ばりの「自分撮り」はツライのでカメラマンを手配してもらったら、今度は原稿料から撮影代分が天引きされていました……。

肝心の内容ですが、世界の著名デザイナーのところに押し掛け、小1時間ほど話をして、対談記事を書くというものです。

向こうからすると取材相手がライターさんではなく同業者だから、ガードがとにかく下がっている。というか限りなくノーガードです。普段メディアでは見聞きしないようなキワどい話がザクザク出てきます。

自分も自分で楽しくなってきちゃって、より雰囲気を出すために、巨匠デザイナーは「仙人口調」にしてみたり、陽気なラテン系デザイナーを「関西弁」にしてみたり、アレンジし放題です。

本人が日本語を読めないから問題ないだろうとタカを括っていたら、この雑誌は世界28の国と地域で発刊されているらしく、各国から「翻訳してウチの誌面でも掲載したい」というオファーが。

ならぬならぬ。決してあってはならぬと、普段は柔軟な自分もこればかりは「門外不出」にしています。本人の目に入ったら、絶対に怒られるので（笑）。

このように、**何事もできるかできないかは別にして、「とりあえずやってみる」ようにしています。**新しい発見が必ずあるからです。

世界の一流デザイナーたちに共通するのは、自身の得意分野をかなり詳細に把握し、常にそこから「はみ出さない」ように活動している印象です。「これだけは誰にも負けない」というゾーンを持ち、それを死守することが、一流の必須条件なのでしょうね。

となると、「何事もやってみる」自分は、まだまだだなあ、と思うわけです。

なんてことを思っていたら、毎週日曜にJ－WAVEでラジオ番組のパーソナリティをやることに。デザインの魅力を音声だけで伝えないといけないし、そもそもしゃべりが得意じゃないので、早くも頭を抱えています。

とはいえ、きっと何かしらの形で自分のデザイン活動の糧になるだろうと自分に言い聞かせつつ……とりあえずやってみています。

「ムチャ振り」は課題発見のチャンス

「『何事もやってみる』自分は、まだまだ」などと書いておいて何ですが、問題や自分の得意な領域が何かわかっていないのなら、「ムチャ振り」は極力受けて、はみ出しまくるのが正解な気がします。海外の一流デザイナーも、自分の得意分野を把握するまでには、多くの「ムチャ」があったはず。

ムチャ振りにはいくつか特徴があります。まず、ムチャだと思う時点で、勝手に決めてしまった「できないと思い込んでいること」に気づけます。そのような思い込みがあるから、はみ出している、という言葉が出てくるんです。

そして、ムチャ振りをされたということは、何かしら期待されているということです。「ひょっとしたら、あいつにあれをやらせたら面白いんじゃない？」と。新しい課題に気づき、解決法を考えるチャンスをもらったわけです。

ムチャ振りをすべて期待と捉えて、その期待を1ミリでも超えることに集中すれば、今までとは違う目線で問題が見えてきます。

8

「たまたま」をヒントに変える脳の鍛え方

信じ難い話ですが、飛行機内でトイレの扉を開けたら先客がいた、ということが最近よくあります。

旅慣れしていないお年寄りが多いせいか、はたまた飛行機内の扉が通常の扉とは使い勝手が違うせいでしょうか。もはや「VACANT」と書かれた緑色に点灯したサインなど、疑いの目でしか見られなくなってきました。

ここ数か月間で4〜5回もあると、**「たまたま」では済まされない何かがある気がしてなりません**。野球で言えば、下位打線のバッターの打率くらいの確率ですからね。まったく嬉しくない「ヒット」ですが。

そういえば、先日のパリ出張中に「デザインの神」の異名を持つフィリップ・スタルク氏と対談する機会がありました。あ。決して浅草にあるアサヒビールのスーパードライホールに載っかっている、彼がデザインしたウ◯コのようなオブジェつながりではないですが。そのときに彼が言っていて興味深かったのが、「脳が変化してしまう」という話。

40年間、毎日「直感力」だけを使いつづけた結果（自分と違って、すべて直感のみでデザインするらしい）、それ以外の思考能力がまったくなくなってしまったそうです。完全に脳がフォーマット化されてしまった、と。

彼いわく、脳の形状も物理的に変化するそうなんです。そこでピンときたのが、その数時間前までエルメス本社で行っていたデザインコンペの審査作業中に、同社のアーティスティック・ディレクターであるピエール・アレクシス・デュマさんがおっしゃっていたこと。

蜂の脳は容量が限られているため、兵士や偵察、運搬係など、その役割が変わるたびに脳自体の仕様も変化してしまうそうです。

もし2人の「脳が変化する」という話が本当だとしたら、脳ってやっぱり筋肉と似ている気がします。

アスリートも競技に合わせたトレーニングによって筋肉をフォーマット化しているわけ

で、その結果、マラソン選手とボディビル選手と相撲取りでは、筋肉の質も量もまったく違います。

同様の考え方で自分の脳を意識的に鍛え、特定の機能に最適化させる、というアプローチも今後はあり得るのかもしれません。

毎日デザインのことばかり考えている自分の脳も徐々に変形してきている可能性が高いので、そう遠くないうちに、それ以外の思考能力がなくなってしまって、飛行機内のトイレで鍵を掛け忘れて用を足しそうな気がしてなりません……。

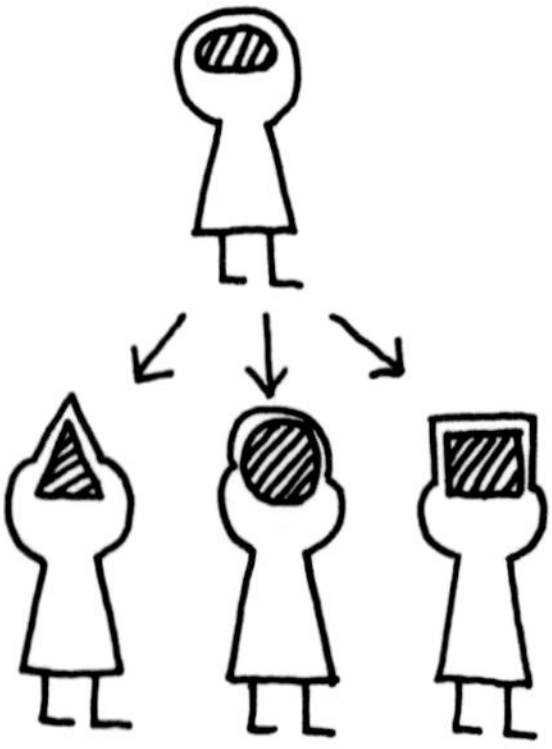

センスよりも「好き」でいられるかがカギ

「自分にはセンスがないから（できない）」と言う人がいますが、自分はセンスよりも「好き」でいつづけることこそが問題発見やアイデア出しにおいて重要だと思っています。

センスというのはすごくレベルが高い話。世界のトップ10が戦っているときに、「これはもうセンスだな」と感じるときはたしかにあります。しかし、それ以外の場面においては、すべて努力でカバーできる話じゃないかという気がします。つまり、投入した時間の量で解決できるのではないかと。

誰よりもそれについて考えて、誰よりもそれを好きでいること。そのことを意識して日々の課題に取り組むだけで、たとえばそれに付随することにいろいろ興味を持ったり、違うことであってもどんどんチャレンジできたりするんです。

逆に、ピアニストがピアノを1日弾かなかったら、取り返すのに3日かかるというのと同じなので、好きでいることを、自分は日々意識するようにしています。

9 チャンスは「3層構造」

——運を味方につける方法

デザイナーは、仕事を依頼されないと何もできない、いわば受け身な職業です。能力を発揮できるプロジェクトもあれば、苦手分野も当然存在するので、かなり「運」に左右されます。

もちろん、苦手分野を克服したり、メディアを通じて自分の活動内容を発信したり、ある程度の対策は立てられますが、限界はあります。

そこで編み出されたのが極端な「作家性」を持つというやり方です。特定のタッチに偏らせ、それを繰り返すことで「○○さんはゴージャス系」「××さんはシンプル系」などと認知させるのです。

そうすれば、クライアントにとってアウトプットがだいたい想像つくのでハズレがないし、デザイナー側も期待通りのプロジェクトが安定して受注できるので、効率がいいわけです。リスクは飽きられたり、似たタッチの人が出てきたりすることでしょうか。

そういったことができないデザイナーにとっては、「運」とどう付き合うかは重要なことです。

「チャンスは誰にでも等しく訪れる」という言葉を聞きますが、あまり根拠がない気がするのは自分だけでしょうか。

待機しているチャンスは等しいかもしれないけど、それが自分の元に**「訪れる」**回数は、やはりその人次第かと。そして、そのチャンスを**「認識」**できるかどうか、**「つかめる」**かどうか。そんな具合に**「チャンス」は3層構造**だと考えます。

中でも最後の「つかむ」というフェーズにこそ「運」の大半が含まれている気がしています。勝負事にはどうにもならない不可抗力が付きまとうからです。

「認識」できるかどうかは、リサーチ量と勉強量に比例します。過去の事例を知ることで、目の前のチャンスから得られる見返りの大きさを予測できるからです。

そして、最初の「呼び込み」ですが、これは努力量に比例するんじゃないでしょうか。

「チャンス」というのは「女子」なんです、基本的に。目の前の仕事に脇目も振らずに夢中になっていると嫉妬し、自分のところに訪れる、と。逆に、常に「チャンス」を探している人には目もくれない、と。そんなふうに思います。

自分にとって「チャンス」のハーレム状態は、人生に1度くらいはやって来るのでしょうか。って、そんなこと思っているヤツのところには訪れないんでしたっけ。

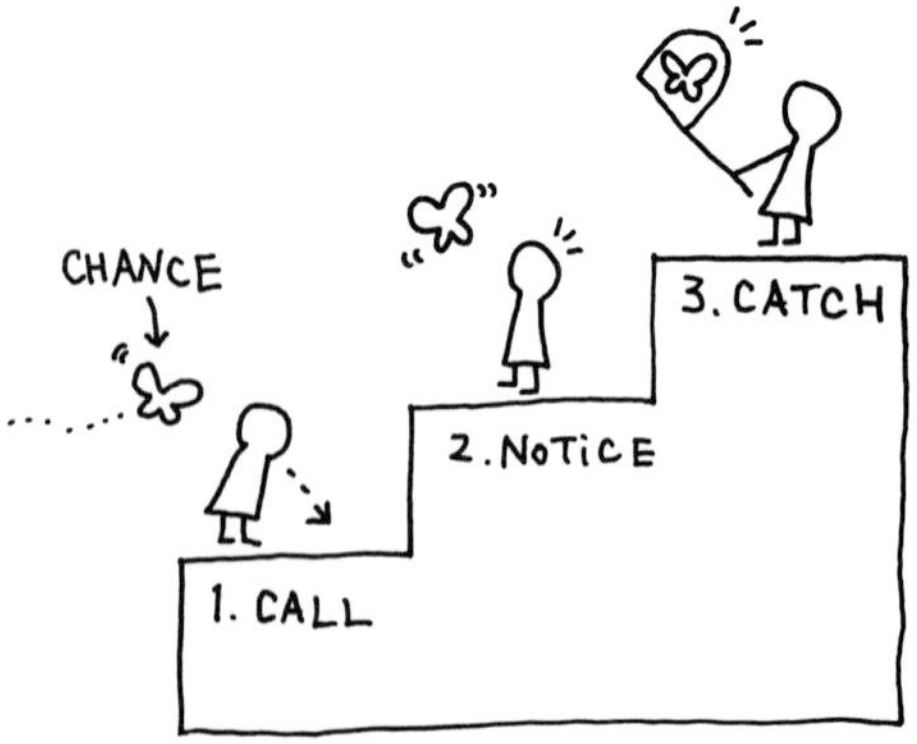

「めんどくさい」にトライすれば チャンスも課題も見えてくる

「来た、来た、来た！」と思ったチャンスは、案外チャンスではありません。これはつまり、「めんどくさい」ほうの選択肢にこそチャンスがあり、ビッグゲインがある、ということを意味しています。

チャンスというのはオブラートに包まれているもの。だから、チャンスをつかめないと言う人は、第1は単に気づかない人で、第2はめんどくさいと思ってチャンスから目をそらしている人。めんどくさいものこそ、中途半端にふてくされてやると、ただのロスにしかなりません。

しかし、全力でやればロスではなく、ゲインになります。「めんどくさいこと」こそ、全力でトライするよう意識すれば、チャンスは自然と寄ってきます。

実はこのチャンスの話は、問題発見にも通じています。めんどくさいことを避けていては、決して真の問題に気づくことはできません。問題が見つからないと言う前に、めんどくさい方法を見て見ぬふりをしていないか、自問してみてください。

第2章

デザイン目線で考えると、ありそうでなかった「アイデア」が見えてくる

——オオキ流「アイデア量産」講座

1 アイデアは探さない
――「ボヤッと見」で視点をズラす

抱えている案件数が300を超え、1日に3つ4つデザインを手掛けても追いつかなくなりました。アイデアを「考える」ヒマがないので、瞬時に「発見」しないといけません。

ところが、「たしかこの辺にあったはず」の探しものが、「まったく予想もしなかった」場所から忘れた頃に出てくるのと一緒で、ありそうな場所に限ってアイデアは転がっていないもの。**どうやらアイデアは「探さない」ほうがいいようなのです。**

たとえば、「新しいコンピュータマウスのデザインを考えてほしい」というオーダー。ここでマウスの本体ばかり見てしまうと、手に馴染む特殊素材、画期的な操作性、究極の省エネ設計……など、ありきたりの切り口しか思いつきません。ものごとを「凝視する」ことは、それ以外のものを「無視する」ことと同じだからです。

そんなときにはむしろ、店頭の棚、マウスを使う机、充電用ケーブル、USB型の無線レシーバー、電池のフタなど、**周りにあるものを「ボヤッと」見てみることにします。**

そんな感じでボヤッと眺めて発見できたアイデアが、エレコムの「oppopet（オッポペット）」。本来はマウスの裏に隠すUSB型レシーバーをシッポの形にして、逆にあえて「見せる」ようにしました。

普段はシッポが生えていて風変わりだけど、使うときはシッポをパソコンに挿すので、マウス本体はシンプルな姿に。USB型レシーバーをマウスの裏面に収納すると本体のサイズが大きくなってしまいますが、これだと小さくできます。

さらに本体の仕様は共通なので、コストを抑えながら8種類もの「シッポ違い」の展開が可能となるなど、まさに一石二鳥のデザインというわけです。

人間の目には、一点を凝視することで形や色を正確に捉え、それ以外の情報を見落とす「中心視」と、網膜の周辺部を使って瞬時に動きや全体像を把握する「周辺視」という2つの認識方法があるそうです。

優れた周辺視は一流パイロットやスポーツ選手には不可欠な能力らしく、元サッカー選手の中田英寿さんも周辺視を鍛えることで、自分の後方に隠れている選手が今どこを向いて走っているかがわかるようになった、と話していました。
「ボヤッと見る」ことは、この周辺視をうまく活用し、対象物の周辺にこそ生息しているアイデアを〝浮かび上がらせる〟術なのです。

Hiroshi Iwasaki

「点」を「線」にする遊びで、周辺視を鍛える

スポーツ選手が周辺視を鍛えている、というと一般の人間には難しそうに見えますが、実はひらめきのために必要な周辺視、すなわち「ボヤッと見」の力は、誰でも鍛えられます。自分が常日頃やっている方法、というか「遊び」を紹介します。

それは、何でもかんでも何かとリンクさせて見る、ということ。

「あれって、これっぽいな」などと常に考えるクセをつけています。

ポイントは、どんなくだらないことでも点と点を線にしながら考えること。言葉遊びでも問題ありません。

そういうことを繰り返しているうちに、周辺にあってぼんやりしている情報をなんとなくつかみ取れたり、意外なモノどうしがリンクして新しいアイデアにつながったり、というケースも多く、遊びのつもりが抱えている案件の核心を突くことも……。そういうことを日々、遊びみたいな感覚でやっています。

2

アイデアは「出し方」よりも「出る体質」

外出時は常に「セイロガン糖衣A」と「ストッパ」をダブルで持ち歩くほど、相変わらず腸弱な私です。

冷たい飲み物が増える真夏日には、いっそうお腹がデリケートになります。お尻が昨今多発している「ゲリラ豪雨」のようです。

事務所が手狭になって新しい物件を探しているときなど、立地や家賃よりもトイレの数を気にしている、という情けない自分に気づくわけです。「トイレの数／労働人数」によってTVR指数（Toilet Vacancy Ratio、トイレ空室率）を算出してしまうのです。

当然ですが、不動産屋をはじめ、社内の人間もそのことに対してまったく関心がないので、キッチリ孤立状態ですが。

近頃は大学の授業や講演などで人前に立つことが増えてきましたが（幸いにも講演中に席を立つという状況は、今のところ起きていません）、こういった場面で「アイデアはいつ、どのように出すんですか？」と直球で質問されることがよくあります。

そんなときは「まるでトイレで用を足すようにアイデアが出る」ことが理想だと答え、会場をザワつかせています。

「出す」のではなく「出る」カンカク。具体的に「いつ」「どのくらい」出るかまではわからないけど、自然と毎日コンスタントに出ることが大事なのです。

便秘気味であったり、軟便気味であったり、という日もあると思いますが、普段からお腹の調子を整えて、常に一定のリズムで安定して出つづけるようにすることが重要です。

私の場合、アイデアの「整腸薬」は、日常生活に潜むちょっとした「違和感」です。たとえばスーツを着替えるときに、まず上着を脱いでハンガーにかけますよね。その次にズボンをかけようとすると、上着が邪魔していたりします。

また、片方の手に歯ブラシ、もう片方の手に歯磨き粉を持っていると、歯磨き粉のキャップを開け閉めするときに、歯ブラシが邪魔していることに気づきます。

そういった、ほとんどどうでもいいような「違和感」は、「当たり前の行為」や「ありきたりのモノ」の周囲に何食わぬ顔をして居座っていることが多く、日々「気づきつづける」ことが、アイデアが出やすい体質にしてくれているようです。

まあ、その前に自分自身の体質を改善しないといけないのは言うまでもありませんが……。

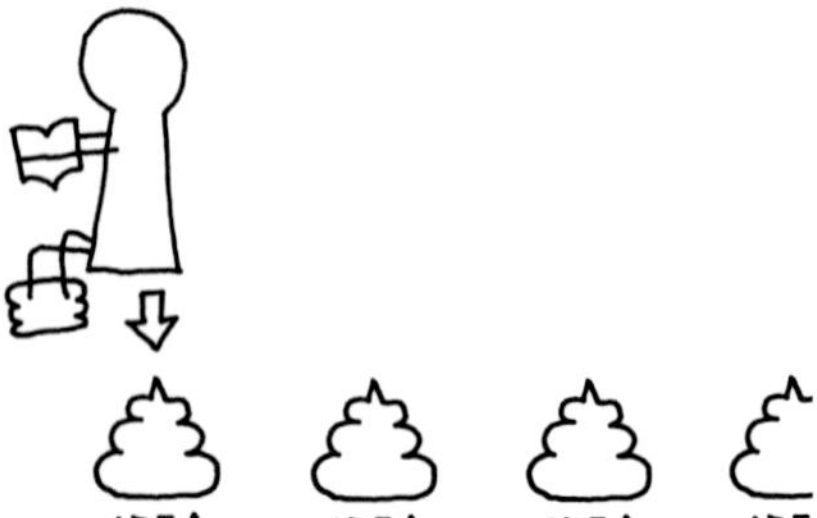

ひらめき体質は、「変化を減らす」努力から

今までと違う環境のほうがアイデアが出る、という話をよく聞きますが、自分の場合はまったく逆です。同じことを繰り返すのがすごく心地よくて、同じところで昼ごはんを食べて、同じところに犬の散歩へ行って、同じ喫茶店に行って、同じものを飲む。ルーティン・ワークのリズムを守り、できるだけ変化を減らす努力をしています。

なぜなら、変化というのはストレスを生み出すものでもあるからです。だから、海外に行っても日本で使っているものをできるだけそのまま持っていきます。

極力、同じリズム、同じペース、同じことを反復していくことによって、「ここぞ」というときに、ばーんと爆発力が出るのかなという気がするんです。緊張と弛緩の幅が大きいほど筋力量が出る、筋肉と同じです。脳もたぶんそうじゃないかという気がしていて、普段はできるだけリラックスさせる、負荷をかけないことが大事だと思います。

3

既視感も時には「武器」となる

人は皆、他の人とは違うものが欲しいんです。でも、結局はみんなと同じものを持つことによる安心感を捨て切れない生き物でもあります。目立ちたいけど、周囲から浮くのは気恥ずかしい。新しいものに憧れるけど、新しすぎるものは怖い。

この**少々面倒くさい心理を汲み取れるかどうか**は、デザインをするうえでとても重要で、新商品であってもどこかしら「懐かしさ」というか、「過去に経験したことがある」という安心感をさりげなく匂わせることがコツだと思っています。

デジカメのデザインなら、アナログの一眼レフのような雰囲気をほんの少しちりばめておくとか。顧客層にマッチさえしていれば、シャッターの押し心地はファミコンのコントローラーのBボタンでもいいわけです。使い手が「この感覚はすでに知っている」と安心することが重要なのです。

実はアップル社は、これを巧みに利用しているんですね。ボタンの押し心地や操作音、アイコンの形状など、どことなくアナログな操作感に仕上げています。

ハードもまた、ドイツのブラウン社やイタリアのオリベッティ社のような、「古きよき」家電製品を意識しているのは明らかで、非効率でもあえてガラス板を切り出したり、アルミの削り出し加工といった技法を使うことで、昔ながらの「本物感」「上質感」を演出しているのです。

コカ・コーラ社のために食器をデザインしたことがあります。使い終えたコカ・コーラの瓶を再利用してほしいという依頼でした。

赤と白のカラー、瓶のシルエットやロゴなど、ブランドの「象徴」はいくらでもあって、それらを使えば簡単に「コカ・コーラっぽく」はなります。でも、それでは普段使いには若干恥ずかしい。そこで思いついたのが、ラッパ飲みしたときに実はいつも眺めている、「瓶の底」を使うアイデアでした。

ガラスの色はそのまま使い、瓶の底部のような丸みのある形状に。底についている「つぶつぶ」もデザインとして活かしています。こういった地味な要素の積み重ねによって「ど

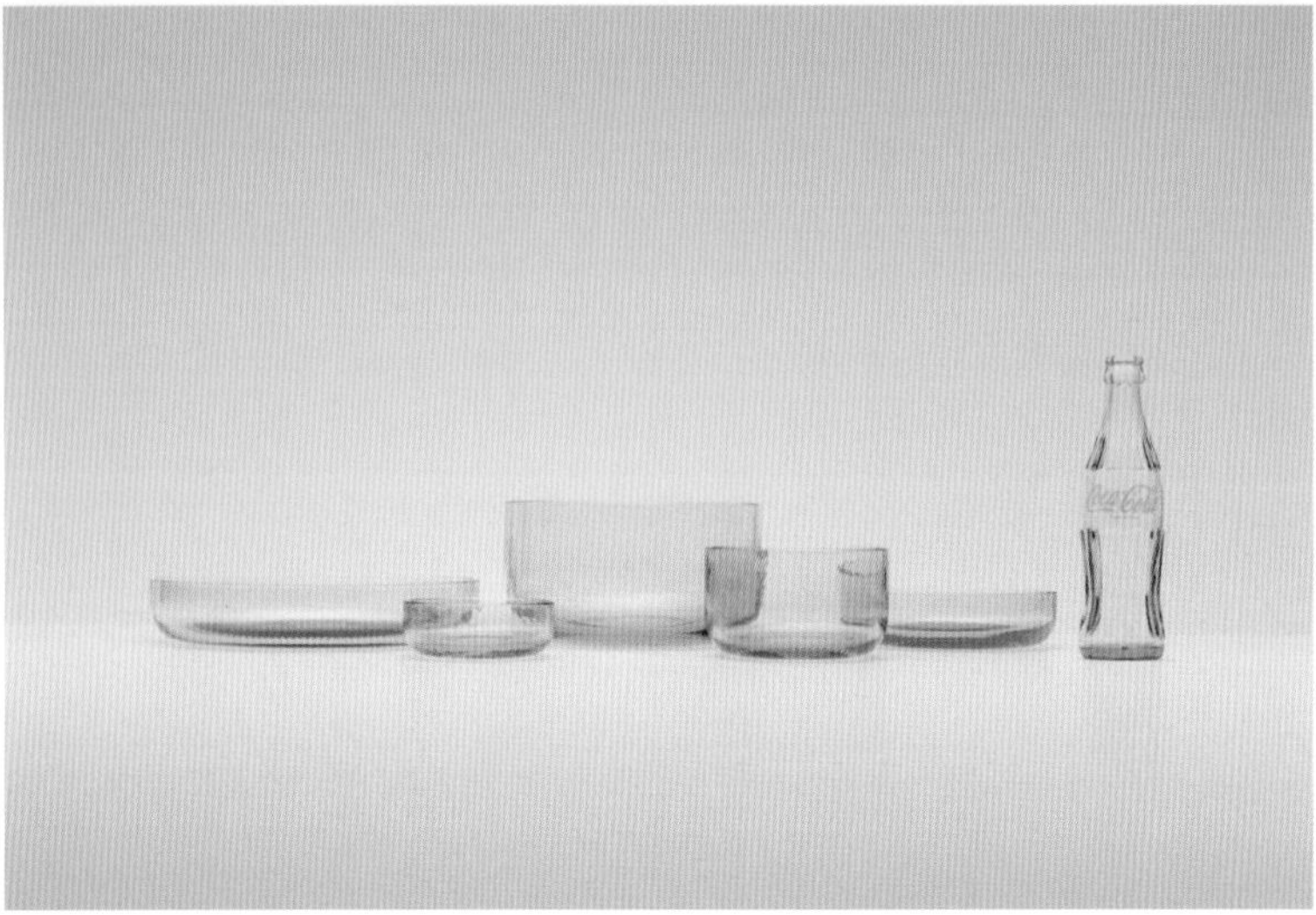

©COCA-COLA.　Photo by Takumi Ota

こかで見たことがある」感覚を醸し出そうとしたのです。

コカ・コーラっぽくないのに、どことなくそれと感じさせる食器。冒頭の「少々面倒くさい心理」には多少応えられた気はしますが、コンセプトが地味すぎて、アトランタの本社でプレゼンをするときには少しばかりドキドキしました……（笑）。

「何%の人が見たことがあるのか」——既視感を調節する

新しい技術や新しい価値を生み出している商品こそ、懐かしさを感じさせなければいけません。そのときに自分がよく問うのは、ターゲットのうち何%の人が見たことがあるか、ということ。99%の人が懐かしいと思うのか、5%の人が見たことがあると思うのか。そして、その既視感の度合いを調整することで、マスからニッチまで狙い分けることができます。

マス向けの商品になればなるほど、浅く広く、みんながなんとなくふんわり「ああ、わかる、その感じ」と。すごくニッチであっても、そのターゲットに深くきちんと刺されば「自分のためのものだ」と受け取ってもらえます。

人の頭の中には必ず情報のストックがあるので、そことつなげることによって、「自分もそういう経験がある」と感じてもらえます。そういう意味では、商品開発の段階でエンドユーザーの顔が見えているか見えていないかによって、アイデアの精度はだいぶ変わってきます。絞れば絞るだけ鋭利なものになり、深く刺せるようになります。

4 「図と地の反転」でアイデアを磨く

先日、久しぶりに実家に顔を出してきました。

母親は自分のことよりも、連れていった犬のほうに興味があるらしく、ひっきりなしにオヤツを与えます。犬も犬でオヤツに目がくらんだか、ここぞとばかりに夢中で数少ない芸を披露している姿が実に痛々しい。

自分：「腹を空かせているようだし、オヤツじゃなくて餌をあげたら？」

母：「陸ガメの餌しかないけど、食べるかしら」

自分：「いや、それはちょっと……」

母：「ウチの陸ガメ、犬の餌が好きで毎日食べているのよ」

父：「……じゃあそれは『犬の餌』だろ」

という会話が日常的に行われているのが佐藤家の懐の深さ（?）なのですが、このような**「図と地の反転現象」**は、アイデアを考える際にはとても有効です。

「図と地」とは、モノ（＝図）は背景（＝地）から浮かび上がることで初めて認識できる、という知覚心理学の考え方。この関係性をひっくり返すことで、難解な問題をカンタンに解決できることがあります。

白いイスをさらに白くするために、表面の汚れを拭き取ったり、より白いペンキを探したりするのにも限界があります。そんなときは、「イスが置かれた部屋を黒く塗ればよい」のです。

値段を下げるために品質を落とすのではなく、その他の商品の値段とグレードを上げればいい。穴を掘る代わりに周囲に土を盛ればいい。それに近い考え方で作ったのが、車用品ブランド「テルッツォ（TERZO）」のルーフボックスです。

車の屋根の上に取りつける収納ボックスとあって、大容量の確保、空気抵抗、軽量化など、さまざまな条件を考慮しながらデザインを進めていたところ、1つの課題にぶつかりました。競合メーカーが、車の右側、左側のどちらからでも開けることのできる新商品を投入し、人気を得たのです。

Hiroshi Iwasaki

とはいえ、このプロジェクトのスケジュールと予算では、新しい「両開きヒンジ」の開発はできません。

そこで考えたのが、前後が同じ形をしたルーフボックスでした。「前向き」だけでなく「後ろ向き」に取りつけても同じ姿になるので、既存のヒンジでも「簡易的な両開き仕様」に。そして、この前後対称のデザインは、思いがけず個性的で美しいものとなりました。

「犬の餌」を陸ガメが食べれば、それは立派な「陸ガメの餌」。母は偉大なり。

図と地に気づくための「フラット見」

図と地をひっくり返すには、どこが図と地になっているのかを意識しすぎないことが大事です。

40ページで紹介した「ボヤッと見」によってそこに答えがあると気づくこともけっこうあります。それはつまり、ものごとをフラットに見るということ。携帯電話を作るときに、携帯電話のストラップを見たら意外にアイデアが出てくることがあるかもしれません。サブ的なものとメーン的なものという見方をしている時点ですでにバイアスがかかっています。あらゆるものをフラットに見ることで、図も地も実は同じぐらいに見える。そこで、これとこれを入れ替えればお金をかけずにすごく新しいものができるんじゃないか……とアイデアが出ることは多いんです。

みんなが「どうでもいいんじゃないか」とか、「これは後で考えればいいじゃないか」とかいうことに限って、最初に考えはじめるととても効果的です。

5

「当たり前」を掛け算して「メニュー」にないアイデアを

テレビ番組の収録でヨーロッパに来ています。「時計を巡る旅」といった内容で、なぜか自分がナビゲーター的な役回りでパリのアンティークショップを巡ったり、ジュネーブの国際時計見本市を訪れてブランド責任者やジャーナリストなどと対談したりする、といった趣旨です。

雑誌「ポパイ」「ブルータス」などの編集長を歴任された石川次郎さんが企画を手掛けているのですが、自分は腕時計を持っていないどころか、生まれてこの方身に着けたことがなく、要は時計にまったく興味がありません。さすがにそれをお伝えしたら断ってくるだろうと思っていたら、「そのほうが面白い」と、まさかの撮影開始となったわけです。

で、高級時計店に入って「時計をしたことがないのですが、何かオススメってありますか?」みたいな感じで店主に尋ねると、完全に「コイツ何しに来とんねん」という顔をされます。自分もまったくの同感です。

そんな調子で撮影が進んでいるわけですが、今回唯一ともいえる収穫は、撮影スタッフの皆さんと夕食をご一緒したときに次郎さんからこっそり教えてもらった「ザーサイ茶漬け」です。

海外で最もリスクフリーの中華料理店は自分もいつもお世話になっていますが、そのシメとして、白飯とザーサイ、熱々のジャスミン茶をオーダーし、醤油を1~2滴垂らしてサラサラッと食べる。なんとも単純なものですが、これが驚くほど「いい感じ」なのです。

次郎さんいわく、ロス市内の中華店に行ったときにたまたま思いついたものらしく、後日そのお店を訪れたときに厨房の中をチラッと見たら、従業員が全員それを食べていたとか。その話が本当かどうかはさておき、これは普通にオススメです。世界中に当たり前にある中華店。そして、どんな中華店にも当たり前にある食材を掛け合わせて、メニューにないものを生み出す。

デザインもまた、これに似た作業です。たとえば白い目盛りのモノサシと、黒い目盛りのモノサシ、**どちらも当たり前にあるものですが、それらを掛け合わせることで**、背景が

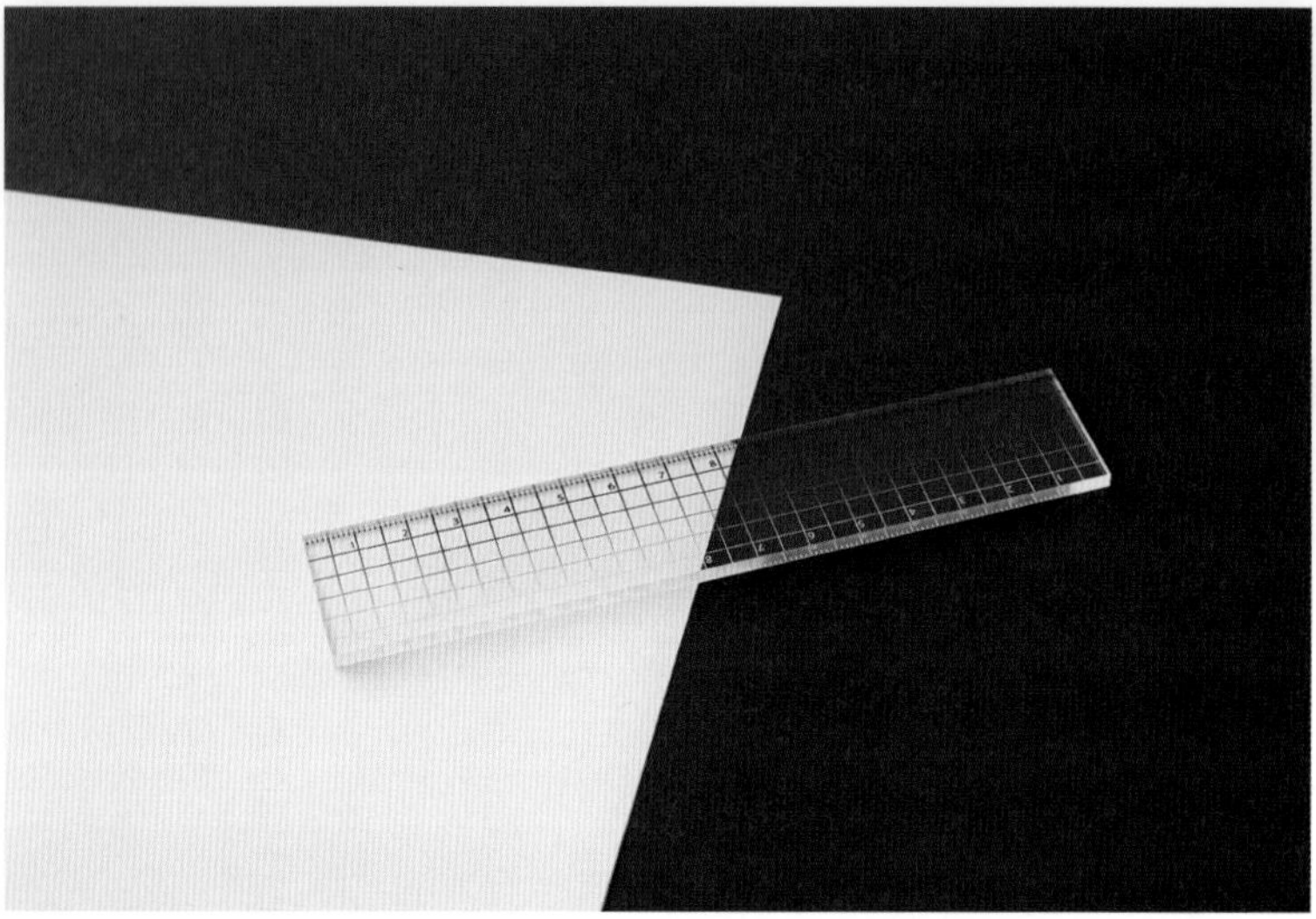

Akihiro Yoshida

明るくても暗くても目盛りが読み取れるモノサシが誕生しました。

こういったアイデアを生み出すには、当たり前のことを当たり前に見ないことが大切なのかもしれません。きっと次郎さんの魅力は、そんな「物の見方」にあるんだろうなと思いつつ、今夜はロンドンでザーサイ茶漬けを食べることにします。

掛け合わせで「食あたり」を起こさないコツ

掛け合わせにもコツがある気がします。それは、最初から狙わないことです。

AとBを掛け合わせたものにしようとすると、やっぱり無理があるんです。そもそも生まれも育ちも違う人どうしの結婚みたいな話なので。狙って2つを掛け合わせようとすると、どっちも中途半端なものになって「食あたり」を起こしてしまうリスクがとても高い。

じゃあどうすればいい掛け合わせができるかというと、1粒で2度美味しいみたいなものを狙います。2兎を追わずに1兎に集中し、そのアイデアで結果的にいくつかの課題を同時に解決する、というイメージです。

10ページでお話ししたボンベイ・サファイアのためのライム用ケースのようなものが理想的です。ボンベイ・サファイアのための新しい広告媒体を作ろうと思った結果、指も汚れなくてすんだよね、テーブルを拭く人にもありがたいよねと、1粒で3度美味しいじゃないか、という形で結果的に最高の掛け合わせになったのでした。

6

「チマチマメモ術」でアイデアに化学反応を起こす

ライフスタイル誌の企画のテッパンとも呼べるものの1つに、「デザイナーのコダワリの道具紹介」というものがあります。

ペンや手帳などの文房具から、カバン、時計、眼鏡など身の回りのものまで、これといったコダワリがなく、せっかく取材依頼をいただいても、どうしたらよいものかといつも頭を抱えます。

ペンだったらインクの出具合や微妙な擦《かす》れ加減、といった話を期待されているのは重々承知しているのですが、正直、書ければ何でもいいわけで。ファミレスのテーブル脇に置かれたアンケート記入用のボールペンでも、至極快適に仕事させてもらっています。

とはいえ、**スケッチやメモを書き留める「紙」は、どちらかというと「小さい」ものを**

好みます。

基本的にアイデアは、クライアントとの会話や、工場やショールームを見学する中で見つけていくもの。暇さえあれば「仮想クライアント」との「妄想ブレスト」をして遊ぶのです。

紙ナプキンでもレシートの裏でも、小さければ何でもOK。大きい紙だと「紙全体を埋めなくては」「たくさんアイデアを考えなくては」といった強迫観念に駆られて、むしろ何も書けなくなっちゃうんです。勝手にアイデアが時系列に並んでしまうので、ページを切り離せないノート状のものも使いません。

なので、**「1枚の紙＝アイデア1つ」くらいの感じで、日々チマチマと書いてはクリアファイルに挟み、数日後に見てピンとこないものはポイポイ捨てていきます。**

さらに、これらのメモを数週に1回「棚卸し」します。脈絡のないアイデアどうしをグルーピングしてみたり、順序立てて並べたり重ねたりしているうちに、稀《まれ》に面白い「化学反応」が起きます。1枚1枚を個別に眺めることによる絶対評価と、複数を比較する相対評価をどちらも並行して行う、という感じでしょうか。

そして、何かつかんだ感触を得たら、メモはすべて捨てちゃいます。頭の中に残しておく程度のほうが、後々使い勝手がよいからです。

それなら別に付箋でもいいじゃない、と言われそうですが、裏の糊がどうも苦手で……。ゴミが付着するし、微妙に粘着力が弱いからいつの間にか床に落ちて犬が食べていたりするし。

と、どうでもいいようで案外コダワリが強いことに気づくわけですが、「コダワリは小さい紙です」って話じゃ記事にならないよなあ。

妄想ブレストで「憑依力」を磨く

「妄想ブレスト」は、ゲーム感覚でできるため、自分は日々行っています。これは完全に一人遊びですが、ポイントを押さえられれば、大きなメリットを手にできます。

ポイントは、他人ごとを思いっきり、そして無理やり自分ごとにしてみること。何か新商品が出たときに、自分がデザイナーという立場だったらどうしていたかとか、自分がユーザーならばもう少しこうなっていればよかったとか。

他人ごとに対して、いかに相手の身になれるか。この「憑依力」は、アイデアの起点になりやすく、それを身につけられるのが妄想ブレストの最大のメリット。ユーザーの身になるとか、商品開発の身になるとか、部長さん、はたまたその部下の身になって考えていくと、「たしかにあの状況ではこうは言えなかっただろうけれど、こう思っているんだろうな」などというのも見えてきて、新しい視点を得ることができます。

7 下手クソなイメージほど、アイデアは「発酵」する

アイデアには「硬度」があります。

初めは柔らかいイメージだったものが、時とともに「凝固」していく感じでしょうか。「頭の中のイメージ→文字→スケッチ→2次元の図面→立体物」という順番に硬度は増していきます。

小説よりもマンガ、マンガよりもアニメのほうが具体的なのと一緒で、後者になればなるほど受け手に伝わりやすくなりますが、同時に解釈の余地が失われていくわけです。

アイデアも同様のメカニズムで、**柔らかい状態で頭の中に漬かっていると「発酵」の余地があり、他のアイデアや情報との化学反応が起きやすくなります。**

逆に固まってしまったアイデアは、頭の中に「保管」されているだけの状態なので、徐々

に忘れて「劣化」していくことはあれ、そこから発展することはありません。なので、「いかに柔らかい状態を保持するか」「ベストのタイミングで一気に固められるか」がミソです。

一般的に言われる「頭が柔らかい」とか「柔軟な発想の持ち主」とは、アイデアの硬度の取り扱い方が上手、ということなんだと思います。

そうした理由で、自分はできるだけスケッチは描かないようにしています。忘れない程度にイメージした単語をスマホに入力しておくくらいでしょうか。描くとしても、できるだけ抽象的なものにします。

というか、スケッチは「下手クソ」なほうです。この**「下手クソ」がいいんです**。上手に描くと、そのビジュアルに縛られてしまい、アイデアをうかつに固めてしまうからです。

そんな言い訳じみたことを恥ずかしげもなく言っていますが、以前デザインしたテーブルは、すでに固まっているイメージを逆に抽象化する、つまり「軟化」させるような作業でした。

ディズニーの「くまのプーさん」は誰もが知っているキャラクターで、イメージが固まっている存在。それをそのまま家具にすると、どうしても子どもっぽくなってしまうこと

©Disney. Based on the〝Winnie the Pooh〟works by A. A. Milne and E. H. Shepard.

から、「言われてみたらプーさんに見えなくもない」レベルまで抽象化しました。

ただの木製のテーブルでありながら、どことなく輪郭や色味など、キャラクターの雰囲気をふんわりと。

このテーブルを代官山の蔦屋書店で展示発表したら、小さな女の子が早速イスのように座って本を読んでいました。やっぱり子どもは頭が柔らかいなあ、と思わず感心してしまうのでした。

「一歩下がる」だけで
アイデアは無限に生まれる

「プーさん」というある程度できあがってしまっているものをどう料理するか考えると、意外と選択肢がないことに気づきます。既存の商品にキャラクターの絵柄を貼りつけることが多いのはこのためです。

こんなときは、「一歩下がる」ことでアイデアを柔らかくします。ここまで抽象化、簡略化してもプーさんだと感じられるところまで下がることができれば、急に選択肢がばっと増え、可能性も広がるという戦い方です。つまり、硬度を下げる、柔らかくするとは、選択肢を増やすことなんです。

逆に言うと、普段から一歩下がった状態を保ち、いかに選択肢を狭めないかということに尽きます。たとえば、今日決めても明日決めても変わらないのなら、明日決めたほうがいい。その1日の間、一歩下がった状態でいられてアイデアが「化ける」のでは、と思うからです。どんどん決めていくほうが気持ちいいのですが、気持ちが悪くても極力延ばす。そういうクセをつけると、「柔軟な発想」も身についてくると思います。

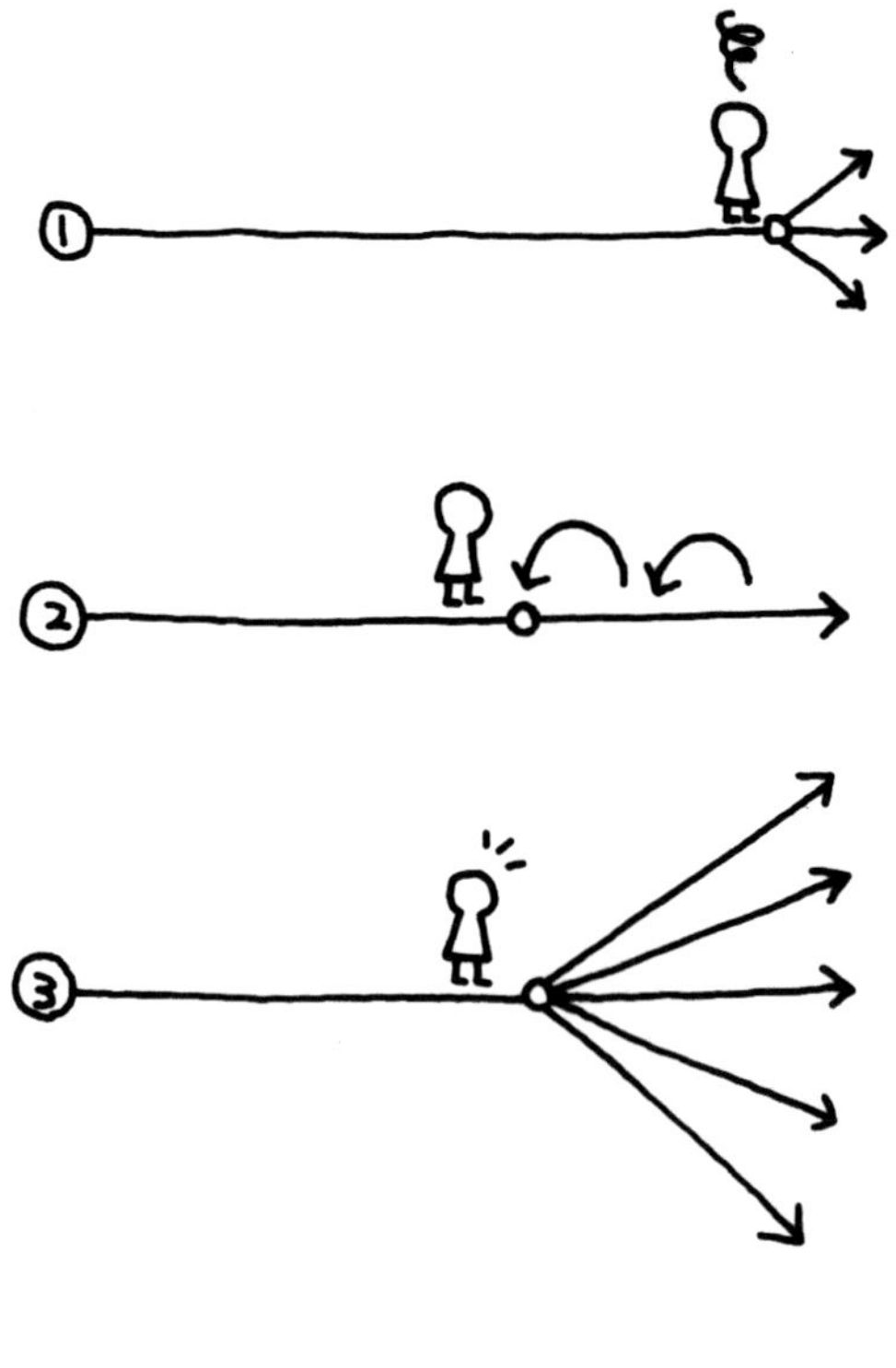
①
②
③

8 アイデアの「入力」と「出力」の循環を保つための3ステップ

「面白いアイデアがなかなか見つからない」という人がいますが、これは頭の「入力」と「出力」の循環が正しくできていないことが原因なんだと思うんです。

人は吸気と排気を交互に繰り返すことで呼吸をし、食事と排泄を繰り返して栄養分を取り込んでいます。これと同じで、何もないところからアイデアが突然生まれることはありません。

入力あってこその出力。そしてコンスタントに出力しつづけることで頭の中に余白が生まれ、入力作業もスムーズになります。

なので、単独でアイデアを出すことに固執するのではなく、この循環を自分の中でどう生み出すか、を考えることが重要なのです。

アイデアの原材料となる情報を収集するコツとしては、白黒をつけずに**「グレー」な状態を維持すること**。どの情報が役に立つのかは最後までわからないので、できるだけものごとを決めつけずに、緩い状態を保つことで脳への浸透度を高める、という感じでしょうか。

また、数字でも文字でも人の感情でも、どんな情報であっても必ず頭の中で**「ビジュアル化」**することも有効です。何かしらの「像」にすることで印象が定着しやすくなります。これが難しい人は、情報を「色」で印象に残すというのも手です。「ロジック」を「イメージ」に変換することで、「情報」が「アイデアの原材料」になるのです。

もう1つ入力時に大切なのは、**できるだけ「ポジティブ」にものごとを捉える**ことでしょうか。長所は長所として認識し、短所も視点を変えることで長所にしちゃう前向きさが必要です。同じ情報量でも「たくさんのアイデアにできる人」と「そうでない人」がいるのは、こういったスタンスの違いがあると思います。

一方、出力時に気をつけることとしては、決してアイデアの出し惜しみをしないこと。多少間違っていたり、ピントがズレていたりしても、どんどん出すことで、冒頭に述べたようにアイデアの原材料も入ってくるようになるからです。

この循環をスムーズにするために、自分はできるだけ入力と出力が「ちゃんぽん」状態にならないよう、「取材日」や「入力日」を2週間に1回程度設けるなど、スケジュールの組み方をマネジメント陣に工夫してもらっています。

と言いつつ、デザイン中毒の自分はついつい取材日にもアイデアを考えちゃうのですが……。

白黒はっきりつけない「グレー思考」

ものごとをグレーに見るとはどういうことかというと、「ものごとを全否定しない、全肯定もしない」ということだと思うんです。白黒をはっきりつけないことによって、いいとこ取りができるみたいな思考法です。

169ページで3Dプリンタの弱点の話が出てきますが、すべて肯定してハイテクで走らずに、ハイテクはいいけれど、こういうネガティブなところもあるのならアナログな要素で補ってやろうとか、量産できないのならそれをメリットに変えていこう、というふうに思考していきます。

全肯定してしまうと、その技術などに引きずられてしまう、嫌な言い方をすると、使われてしまうことがけっこうあります。長所も短所もニュートラルな目線で見るために、この「グレーな思考法」はとても役立ちます。

9 「アイデアの引き出し」は妄想で増やす

犬の散歩コースの途中に1台の自販機があります。いつもと何かが違うと思ったら、「ほっとジョージア」という文字と永作博美さんのビジュアルが。

この感じ、どこかで見たことがあると思ったら、昔あった同じジョージアの広告ですね。飯島直子さんが出てたやつ。「その時、ジョージア。」「ま、ジョージアで、ひと休み。」といった、「癒やしっぽい」広告でした。

その辺りから本上まなみさん、井川遥さん、吉岡美穂さんといった「癒やし系タレント」が続々と出ましたが、「好景気にはセクシー系タレント、不景気には癒やし系タレント」というセオリーからすると、ここにきて永作さんの出現を見る限り、時代の空気感としてはまだまだ好景気とは呼べないんでしょうかね。

で、この「ほっと」というキーワード。コーヒーを飲んで「ホッとする」だけでなく、暗に新製品の「ホット・ジンジャーエール」の訴求も兼ねているわけですが、試しに飲んでみると、美味くもまずくもない、絶妙に「まあまあ」な味です。

ベルギーのホットビールや、風邪をひくと温めたコーラを飲む北米の習慣などを考えると、実は「ありそうでなかった」商品なのかもしれません。なぜ今までなかったのかというと、温度が上がると液体の表面張力が下がり、炭酸が抜けちゃうからなんでしょうね。「どうやって表面張力を上げたんだろう？」と考えても、自分の脳みそではわかるはずもなく……。でも、シャボン玉に砂糖をひとつまみ入れると割れにくくなるのも仮に表面張力の話だとすれば、ジンジャーエールに含まれる糖分と何らかの関係があるんでしょうか。

このように、**一見するとどうでもいいようなことであっても「興味を持つ」、そして「さまざまな切り口から妄想を膨らます」習慣がデザイナーには不可欠です。**誰がどんな思いでこの商品を世に送り出し、それが時代の空気感をどう反映しているのか……などなど。すぐには役立たないですが、このような小さな思考の集積の1つひとつがいずれ貴重な「アイデアの引き出し」となるのです。

もう1本買って冷やして飲んでみると……普通に美味い（笑）。炭酸がキツすぎず、しっかりとした生姜《しょうが》っぽさと甘さ控えめの、これぞ「癒やし系」ジンジャーエール。ウラのウラはオモテとはこのことか。この「アイス・ホット・ジンジャーエール」。オススメです。

「ウラのウラはオモテ」で発想を少しズラす

「ウラのウラはオモテ」は発想法としても非常に面白いもので、まさにありそうでなかったものを考えたり、アイデアの引き出しを増やしたりするのに効果的です。

自分は、基本的にはウラを見るようにしていますが、たまにさらに掘り下げていくとウラのウラになってオモテになっていた、ということがあります。じゃあそれが最初のオモテと同じかというと、実は違う。普通にオモテだけを見ていた人と、ウラをかいてさらにそれをひっくり返したというのでは、最終的なものの見え方もアウトプットも変わるような気がします。

当たり前に存在するものを一度取り除いて、裏返してみる。でも、やっぱり必要だとわかって元に戻す。一見ムダなようですが、そのものの重要性やプライオリティを再認識するだけで大きな価値があります。しかも、裏返して戻す作業の中でアイデアはブラッシュアップされるのです。

10 「忘れる技術」で次のアイデアを呼び込む

昔から記憶力が悪く、学校のテストなどでずいぶん苦労しました。1つ年上の兄の記憶力が抜群によく、小さい頃から隣にいる兄に聞けばよかったからです。兄はプロ野球のロッテの1軍と2軍を行き来しているような守備固めの選手の打率もだいたい覚えていましたからね。まさに「歩く外付けハードディスク」でした。

と、相変わらず能力のなさを人のせいにしていますが、実は「忘れる」ことのほうが意外と難しく、重要なんじゃないかと思うのです。

「目の前に置かれたコップの色を覚える」ことと、「コップを見たこと自体を一生忘れる」こととを比べたら、後者の難易度のほうが高そうですよね。

で、この「忘れる技術」がどう役に立つのか、という話ですが、考え事をしていてストレスを感じるのは、「今考えていること以外のことがまだ頭に残っている」から。だからこそ、他のことをすべて「意識的に忘れる」ことで快適に思考できるようになるのです。

「忘れる」コツは、「性質の異なる考え事をたくさん抱える」ことと「目の前の考え事に必ず区切りをつける（つけた気になる）」以外にないと思うわけです。

考えることがたくさんあれば、考えるのが面倒になって頭から自然と離れるし、中途半端に処理しないことによる「スッキリ感」が忘却を加速してくれます。

300件以上のプロジェクトを抱え、「どうやって同時にそんなに考えられるのか」と驚かれますが、たくさんあるからこそ忘れやすくなり、1つひとつのプロジェクトに集中しやすくなる、というだけのようです。

2013年、コクヨファニチャーのためにデザインした「ブラケッツ（brackets）」という、組み替えが自由な打ち合わせ用ソファシステムの売り上げが好調で、2014年は「ブラケッツライト（brackets-lite）」という「立ち話専用」のデスクシステムを開発しました。

気になったことを、ちょっと立ち止まって打ち合わせできるような設計。テーブルに寄りかかって会話ができるよう、天板に柔らかいクッション素材を使いました。

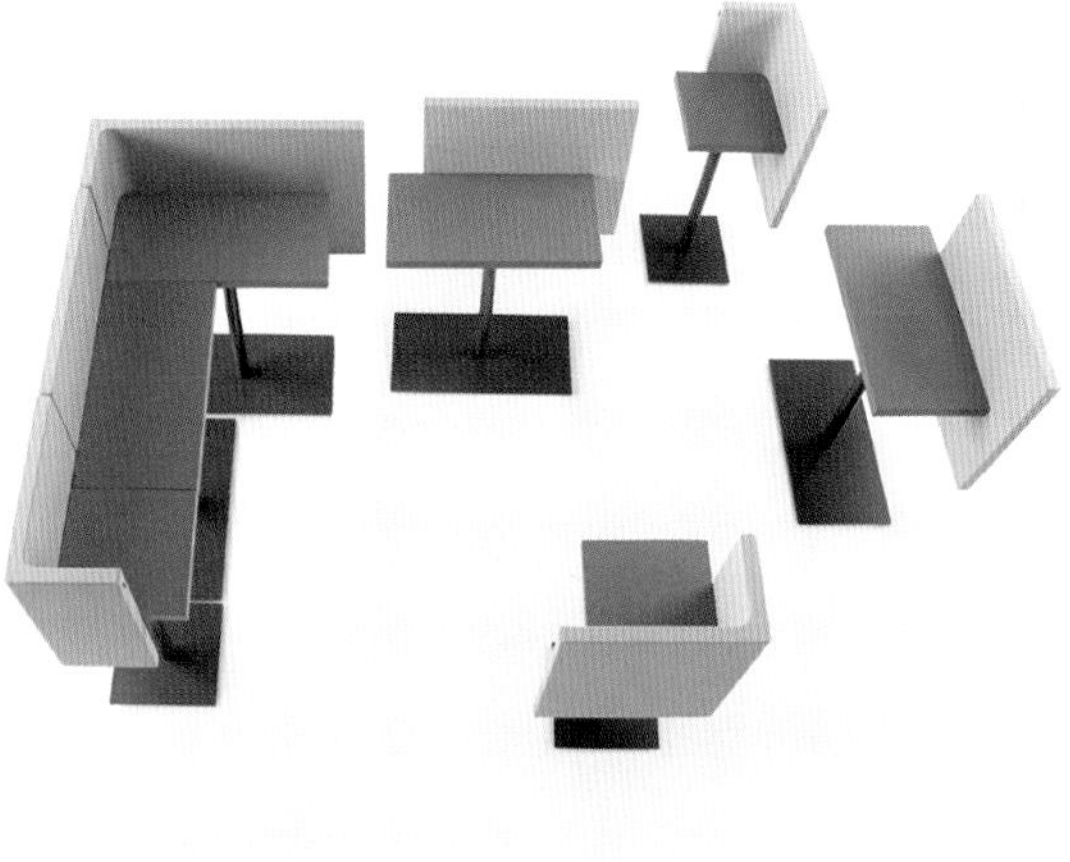

Akihiro Yoshida

ちょこっと考え事をし、スッキリして立ち去ることで、その件について「忘れ」させてくれる家具といえるかもしれません。

自分の場合は相変わらず物忘れが激しいので、どちらかというと記憶力を身につける家具が欲しいところですが……。

アイデアが出ないときは「切り上げる勇気」を

バカみたいにアイデアをたくさん出す自分の原稿を読んでいると、ものすごいがんばっている人のように見えるかもしれません。ですが、がんばらずに自然体でいることこそ、区切りをつけるためには必要なのでは、と思っています。

もちろん、無理して考えたら出てくる答えも世の中にはあると思いますが、アイデア、とくにひらめきみたいなものになると、「もう出ない」というつらいフェーズに入ることも多いです。自分の場合、こうなったらすぐ切り上げます。

脳は本能的にこの先にないとわかるからしんどくなるのであって、集中力がないとか、やる気がないとか、そういう問題ではありません。しんどくなったら、別のことをしたほうが、長期的に見れば絶対に効率がいいハズです。切り上げるというのも勇気がいることだと思いますが、無理せずに切り替えるメリットも認識してみてはいかがでしょうか。

11 「早めに間違える」と「とりあえず2択に」でアイデアを形にする

「デザイナーに必要な能力」と聞くと真っ先に「独創性」や「発想力」などが挙げられがちですが、それと同等かそれ以上に「決断力」が必要だと常々感じています。

いかに素晴らしいアイデアを頭の中で描いたとしても、決断力がないとそれをカタチにして世に送り出すことができません。

とにかくモノづくりとは決断の連続です。ユーザーのニーズ、生産性、機能、コスト、スケジュールなど、最適な決断をしつづけることでしかプロジェクトを成功に導けません。

「決断のコツ」のようなものがもし存在するとすれば、それは**「間違えてもいいからできるだけ早く行う」**ことじゃないでしょうか。

早めに間違えれば軌道修正できますが、時間が経過すればリカバリーしにくいだけでなく、他の選択肢がどんどん減っていくからです。つまり、判断を「間違える」ことよりも、判断が「遅れる」ことのほうが被害が大きいのです。

それと、決断するためには、**選択肢の中から「絞り込む」スキル**がとても重要です。正解を見つけるのは難しいけど、不正解は比較的、簡単に見つかるからです。

不正解が瞬時にわかれば、決断時の正解率はおのずと高まります。なので自分の場合は、どんなに複雑な問題も必ず「2択」に絞るようにしています。これが慣れると意外に楽なんです。

逆に、1つしか選択肢がない場合には、常にもう1つ選択肢を探します。昔のスーパーマリオみたいに「Aボタン＝ジャンプ」と「Bボタン＝ダッシュ」があって、タイミングよくそのどちらかを押しつづけている感じでしょうか。

それでも決断に迷ったら、「最初に正しいと思ったほう」か「難易度が高いほう」を選べば、だいたい正解するものです（笑）。

このように、数珠《じゅず》状に連なる「決断の連鎖」によってアイデアがカタチになるのですが、以前、ゴールド製のチェーンでできたネックレスやピアスなどのアクセサリーをデザインしました。

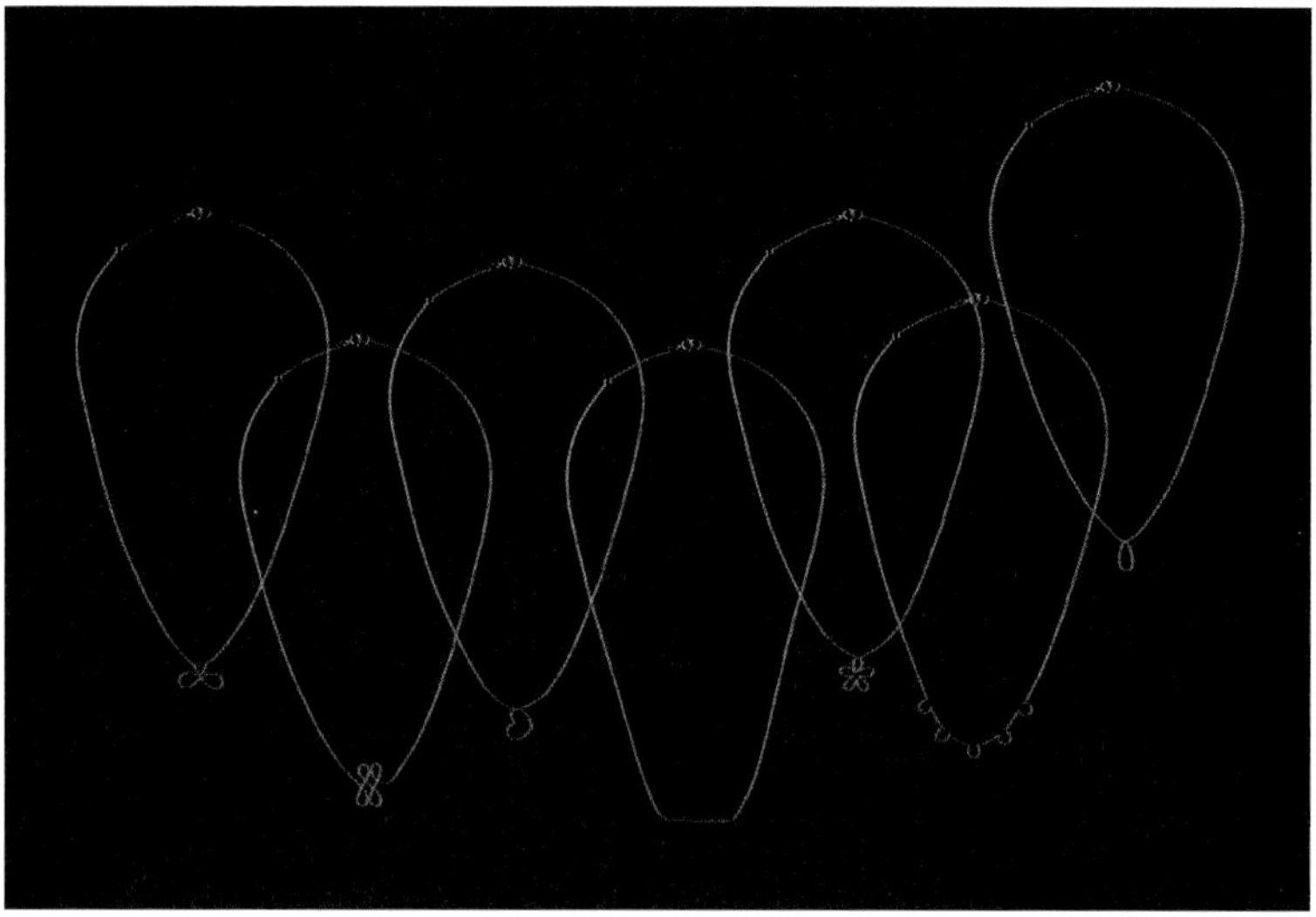

Akihiro Yoshida

チャーム部分は通常、パールやダイヤモンドなどでできていますが、あえてチェーン部分に注目し、職人の手仕事によって1つひとつの鎖どうしを接着することで、ハートや花などの輪郭をかたどりました。

個人的には母の日のギフトにちょうどいいな、と思いつつ……。モノづくりと違い、どの柄がいいのかなかなか「決断」できない自分なのでした。

「振り切った選択肢」を2つ出すクセをつける

必ず正解を出す決断力を身につけることはできませんが、選択肢を2つに絞り込むことは、スキルであり、鍛えることができます。2を1にする絶対的な方法がないからこそ、勝負どころでリスクをきちんと取るために2つに絞り込む、というのが大事なのです。

そのためには、間違った2つを残さないようにしないといけませんが、そこにコツがあります。それは、両極端な2つの選択肢を用意して、その両端に引っ張り合うのです。オンリーワン／ナンバーワン、積極的／消極的、リスクを取ってやる／やらない……。探せば意外と軸は見えてきます。

何よりも怖いのは、中途半端で終わること。最初からチャレンジの選択肢を消してしまって失敗でもしたら、そこには何のゲインもありません。

振り切った選択肢を2つ、それを最短コースで見つけることが、決断においては一番重要なんです。

12
脳が快適と感じる「スイッチ」をいくつか持つ

海外出張に一度出ると、乾燥した空気と時差に伴う不規則な生活、脂っこい料理などによって顔中にできていたニキビが、このところまったくできなくなりました。これは「弱りすぎると風邪をひいても熱が出ない」のと似た現象で、「ニキビができる元気がない」というのが現実のようです。その代わりといってはなんですが、なぜかモミアゲからフケが出るようになりました。

このように、改めて人間は環境に大きく依存する生き物であると感じるわけですが、仕事の環境を改善すべく、5年ほど使いつづけてきた事務所の内装に手を入れることにしました。

半個室状のデスクで1人ひとりが集中できるようにし、音やホコリが出る模型作業用の部屋は別に用意。昼食や休息を取る部屋も作りました。社内デザイナーの表情や成果物を見ていると、この「ONとOFFのメリハリをつけたオフィス空間」は効果が出ているようです。

プロであれば、いかなる環境であっても安定したアウトプットが求められることはたしかですが、やはり人間である以上、少なからず環境の影響を受けます。なので、その「環境づくり」も重要な業務となります。

追い込まれたほうがよいアイデアを生み出す人は、自らを追い込む術を身につけないといけないし、自分のように環境の変化を嫌うタイプは出張先にあらゆるものを持っていって同じ環境を再現する努力をします。

音楽でも喫茶店でも、どんな外的要因でもいいのですが、結局は**自分の脳が快適だと感じる「スイッチ」をいくつ持っているかが勝敗を決めるのです**。

2013年5月、インターネットを用いた広告プランニングやプロモーションを行う「スパイスボックス」という企業のオフィスを設計しました。社名が示す通り「さまざまな刺激が箱から飛び出してくる」イメージを表現するために、ボックスの一部がめくれているような会議室をデザインしました。

Daici Ano

めくれた壁が「スイッチ」の役目を果たし、外部と柔らかくつながったり、適度に視線を遮蔽したりすることで、ボックスの周辺を常に人が動き回っているようなアクティブな環境となりました。

最近、さまざまな企業からオフィスの環境デザインを依頼されていますが、その前に自分のモミアゲの頭皮環境をどうにかしないといけないと感じております。

環境の引き出しを増やして「脳を甘やかす」

プロである以上、南極にいてもハワイにいても、同じクオリティで同じスピードでアイデアを出さなくて何がデザイナーですか、というのは自分に対する戒めとしてはあります。

その一方で、とはいえストレスを脳に与えないほうがいいだろうと考えてもいて、自分の脳が求める環境を提供してあげることによって、アイデアを出しやすくする、というのが一般解なのかなとも思っています。

頭の状態も日々変化するし、1日の中でも、頭にはいろいろなモードがあるので、1つの環境でそれを全部満たすのはなかなかしんどい。

なので、「こういうことを考えたい」とか、「今自分の頭はこんなテンションだから」というのに応じて、こと細かに環境を引き出しとして用意しておくといいと思います。言うなれば、常に同じクオリティのアウトプットをするために、できるだけ変化に富んだ脳の甘やかし方を身につけるという発想です。

13 「1%の感覚」のために必要な、99%のロジック

NHK「プロフェッショナル　仕事の流儀」に密着取材されていたときのこと。海外出張中もピッタリとマークされ、鼻クソ1つほじることすらできず、普段の3倍は神経を擦り減らしていました。

暴言や失言、企業名、商品名などをポロッと言ってしまうんじゃないか、そのうちピンマイクをつけたままトイレで用を足してしまうんじゃないか、と常にビクビクする有り様。

その反動のせいか、空港の持ち物検査場で女性検査官に、

「パソコンなど電子機器はカバンから出しましたか？」

「出しました」

「ポケットの中身をすべて出しましたか？」

「出しました」

「ズボンのチャックは閉めてくだささい」

「出しま……sorry」

という、まさかの所持品の「出しすぎ」事件も……。

チャック全開の人に「仕事の流儀」なんぞ語られたくない、と言われそうです。

この他、「AERA」の表紙に顔が出たり、「Pen」で「まるごと一冊特集」が組まれたりと、「デザインとは何ぞや」という至極当たり前の質問をされる機会が増えました。そして、簡潔に説明ができない自分に驚きます。

その原因は、徹底的にロジックを組み立てていった最後の最後で、わずかばかりの「感覚的要素」が介入しているから。99%は説明可能だけど、最後の1%がどうにも難しい。

この感覚的要素はプロジェクトによっても多少増減します。これが少し多めだったのが、有田焼の老舗である源右衛門窯のためにデザインした食器のコレクションです。

源右衛門の特徴である藍色の染付けや、濃《だ》みムラはそのまま活かすことを決め、器の形状は既存の型を流用。新たな技術を用いて、手頃な価格帯を目指しました。

さらに代表的な柄である「唐草絵」を使ってさまざまな新しい柄を作り出し、異なる柄の器を組み合わせて使う楽しみ方を提案しようと考えました。左脳の役目はここまで。あとはまるでＤＪが音楽をリミックスするような感覚で、右脳のアドレナリン全開です。

この最後の感覚的な要素を何とか番組の収録期間内に解明し、説明できるようにしたいと思っていましたが、その前にズボンのチャックのケアを最優先しなければなりません。

Akihiro Yoshida

右脳と左脳には明確な「使いドコロ」がある

ヨーロッパ、とくにイタリアやフランスのデザイナーは、右脳型がすごく多い。彼らは、直感で美しいものを作って、しかもそれをそのまま商品化することもあります。それはそれで魅力的なのですが、そのひらめきの価値を全員が共有できるかというと、そうとも限りません。

一方、ドイツ、アメリカ、そして日本などのモノづくりが企業主導で行われている国では、企業内デザイナーが多く、左脳寄り、すなわち問題解決型の発想が主流です。そこから出てくるアウトプットは、人に伝わりやすくて、マーケティングや広告宣伝とも連動できるので世の中には浸透しやすいものの、オリジナリティやブレークスルーのある商品になる可能性は低かったりします。

そこで自分は、右脳と左脳のバランスを常に意識し、両者を半分ずつ使い切るくらいのバランスを目指しています。

たとえば、「こんなモノがあったらすごいことができそうだ」というところからスタートするプロジェクトもあります。この場合は、

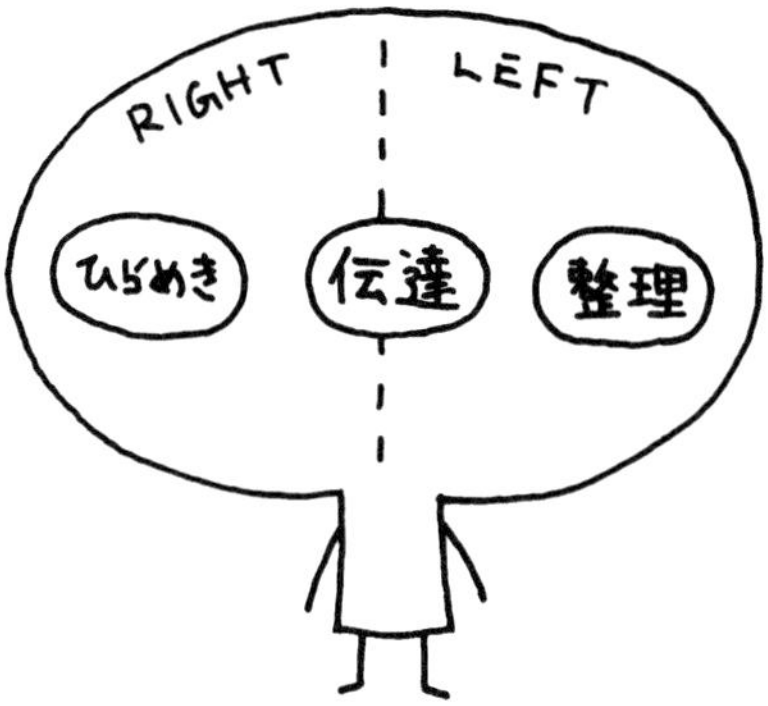

その右脳のひらめきをサポートするために、左脳の役割、すなわちものごとを整理したりどう伝えるかを考えたりすることが、プロジェクトの後半戦で高いウエイトを占めます。

一方で源右衛門窯の場合は、この柄を活かそう、金型は新しく作らないでおこう、と左脳でロジカルに組み立てて、源右衛門窯のポテンシャルを引き出していきました。そして最後に、右脳で崩して遊び心を加えたのです。

右脳と左脳のどちらが優れている、という話ではなく、最終的なアウトプットを見たとき、右脳と左脳の割合が50対50、というのが自分にとってちょうどいいバランスかな、と思っています。

第3章

デザイン目線で考えると、ホントの「解決法」が見えてくる

——オオキ流「問題解決」講座

1 ルールをゆるやかに崩す

テレビに出演したのをきっかけに、2か月ほどでかれこれ100件近い依頼をいただきました。いやはやマスメディアの力は恐ろしい。

デザイナーの本分は企業が抱えるさまざまな課題を解決することですが、飲食店やブティックの内装設計に始まり、企業ロゴや工業製品、化粧品や食品のパッケージなど、こんなに課題を抱えている人たちが世の中にいたのか、と驚かされます。

新技術や新素材を開発している企業から「何かに使えないか」という依頼もあれば、「輸送中の果物に傷がつかない梱包材」や「患者さんが不安にならない待合室」「邪魔にならない傘用カバー」など、かなり具体的な相談まで千差万別です。

さらに「市をデザインしてほしい」という市長さんや、「私の人生をデザインしてほしい」「あなたの人生をデザインしたい」という人まで現れて、とうとう「ウチの孫娘とお見合いしてほしい」というありがたい（？）お話もいただきました。

こういったさまざまな課題を解決するに当たって重要なのが、その課題を正直にそのまま受け入れないこと。そもそもなぜその課題に至ったのか、「事の発端」を共有することで、糸口がいろいろと見えてくるからです。

たとえば「壁が汚れたから白く塗ってほしい」という課題があった場合、ハイハイ、と白く塗り直しても「真の解決」とは呼べません。そもそも汚れた原因は何なのか。なぜ塗り直したいと思ったのか。今後は「汚れにくい」ほうがいいのか、あるいは「汚れが目立ちにくい」でもいいのか。そういったことを知れば、ひょっとしたら「さらに汚すことで汚れが目立たなくなり、今後もメンテナンスしやすくなる」という選択肢も出てくるかもしれません。

つまり**課題自体を再解釈し、ルール内だけでものごとを考えるのではなく、時には「ルール自体をゆるやかに崩す」必要があるのです。**

米バスケットボールのＮＢＡでは、ボールを小さくしてダンクシュートを決めやすくしたり、マンツーマンのディフェンスや長時間ボールを持ちつづけることを禁止したりして、競技の本質を崩さずに、より攻撃的で、見ていて楽しくなるルール変更を積極的にしてきました。

正直者にはデザイナーは務まらない気がしますが、このところ自分は疑い深さが行きすぎている感もあるので、前述の方に自分の性格をデザインし直していただくのもいいかもしれません。

「脱線」の有効活用でアイデアをほぐす

ルールをゆるやかに崩すためには「事の発端」を当事者間で共有することが重要ですが、じゃあその共有は、どうすればできるのでしょう。

そのカギを握るのは、「脱線」の有効活用にあります。

プロジェクトを進めるうちに議論が脱線することはあると思います。これ、自分はアリだと感じています。

ただし、どんどんあさっての方向に行っては意味がなくて、脱線しては本筋に帰ってきて、脱線してはまた戻ってくるといった、一見すると不毛なジグザグの流れが重要。なぜなら、戻ってくる際に必ず「事の発端」を問い直すことになるからです。

そもそもこれは何のため、誰のためにやっているのか、どういうプロジェクトだったのかという問いが、「そうそう、これだった」という形でまたピントがひゅっと絞られ、真の課題に近づきます。

ちなみに、「脱線」には「お土産」もつきもの。脱線した先で得た気づきを持ち帰ることによって、本筋を揺さぶることができ、硬直化したアイデアをほぐしてくれます。

2 「正解」は不安と安心の狭間にある

若いデザイナーや学生に「好きなようにデザインしてみれば？」と言うと、本当に好き勝手なデザインをされて困ることがあります。

「好きなようにデザインしていいよ」とは、「正攻法に縛られずに、自分にしか見えていない正解へのルートを辿っていいよ」という意味。自由を与えているようで、実は難易度の高いことを要求していたことに気づきました。

野球で言えば、このバッターの打ち取り方のセオリーは3パターンあるけれど、自分の中で「4つ目の打ち取り方」が見えているならリスクを冒してでもやってみては、と言ったのに、対戦相手のことを何も考えずに今投げてみたい球を投げてしまい、スコーンッとホームランを打たれるような感じです。

　じゃあ、デザインでいう「正解へのルート」って何だ、という話ですが。思うに、デザイナーは誰かが見たことがあるものを作るわけでも、誰も見たことがないものを作るわけでもなく、**誰もが見たことがあるようで誰も見たことがないものを作ろうとしています**。

　顧客やユーザーだけでなく、市場全体あるいは社会が抱く共通の「安心感の領域」があって、その領域すれすれに接しているようなアイデアこそが「正解」だと思うわけです。不安と安心の狭間が一番ワクワクしますもんね。そのすれすれのポイントを探るのは、膨らんだ風船の表面を探るようなイメージ。そのとき、「私はこれが好き」みたいな感じでパンッて割られると、面食らいますよね（笑）。

　さらにいうと、その皮膜に内側から接したほうがいい場合と、外側から接したほうがいい場合とがあるからまた面白い。これが**「今までありそうでなかったもの」**と、**「新しいけど身近に感じられるもの」の微妙な差**なのかもしれません。

　以前、雑誌の付録を依頼されたことがあります。予算上、紙を使い、かつ立体に組み立てられるイメージの付録。組み立てやすく、組み立て前でも誌面栄えすることも条件でした。

　そのまんまイメージ通りにデザインすることは「風船の中」。逆に、条件を無視して紙を使わないことは「風船の外」です。

そこで考えたのが、平面だけど立体的に見える積み木。平面でも視覚的に楽しめて予算内だし、誰でも簡単に切り離して遊ぶことができます。2次元と3次元のすれすれの表現によって風船の表面を狙った、まさに自分が「好きなような」デザインとなったのでした。

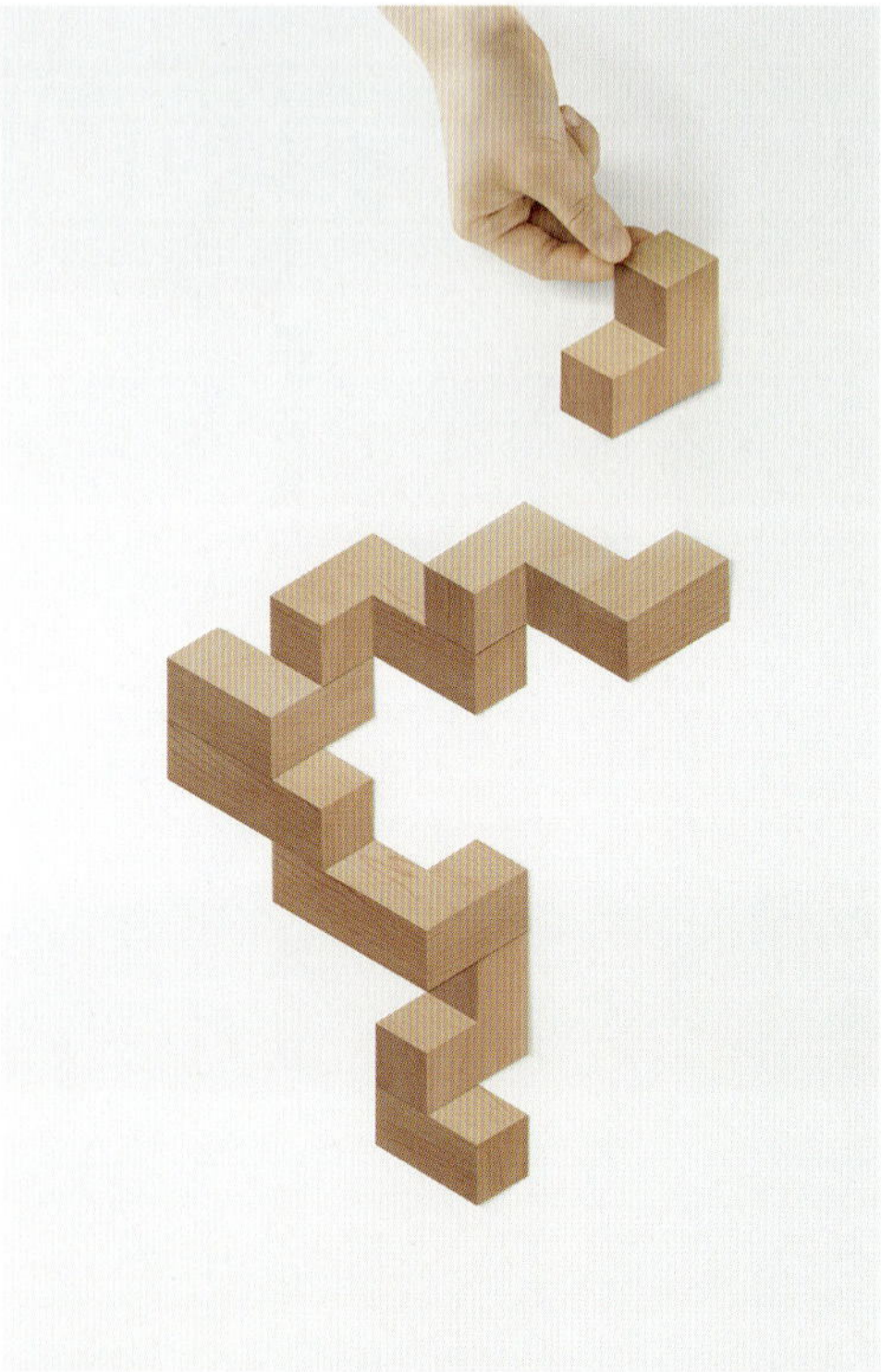

Ayao Yamazaki

「安心感の領域」を意識する

飲み物などで、たとえば赤いパッケージがとにかく売れているとします。すると、まったく同じ赤だと売れないので、オレンジやピンクなど「赤的なもの」が多く店頭に並ぶことがあります。

というのも、いきなり青を出してしまったら、すごくまずそうに見える可能性がある、つまり、安心感の領域を逸脱してしまうからです。赤、オレンジ、ピンクといった暖色系が安心の領域なら、ちょっと青みがかったピンクとかラベンダーっぽい紫とか、その辺を狙っていくと、他よりも目立つけれども、まずそうにも見えないかもしれない。そんなスイートスポットは、実は輪郭にあったりするのかなと思います。

多くの人は、輪郭を恐れて安心感の領域の内側で戦っています。そんなとき、きわどいところをいくと、実はそこにより大きなメリットがあるかもしれないのです。これは6ページの半歩前に飛び出す話とも近い。そしてその輪郭がどこかという感覚は、日々意識することで養われるのです。

3 わざと裏切って「思考の自由」を届ける
——新しい答えの作り方

数年前にひょんなことがきっかけでご挨拶して以来、そごう・西武の松本隆さんとはいろいろなプロジェクトでご一緒させていただいています。

2013年は春と秋の西武渋谷店での個展や、さまざまな伝統工芸師たちともコラボさせていただき、2014年4月には池袋本店と渋谷店で、ネンドがすべての商品を手掛けた店舗がオープン。実は同じ高校の出身で、後輩だから仕方なく世話をしてくれている、ということらしい。

この松本さん、美術やデザインに造詣が深く、突然、マグリットの「イメージの裏切り」という絵画の話をされたりします。パイプの絵の下にフランス語で「これはパイプではない」と書かれているだけの絵ですが、「ネンドのデザインってそういう感じだよねぇ」と。

五感の中でも視覚情報はひと際大きな影響力を持ち、瞬時に頭の中に蓄積されている過去の記憶情報と照合されて認識されます。この絵画のように100人が見たら全員が「パイプ」だと思う状況で、無理やりにでも「パイプではない」と思い込ませ、記憶情報から断ち切ることは、たしかにデザイナーの思考回路と似ています。**いかに我々の思考が既成概念の上で成り立っているかという話で、デザイナーはわざと「裏切り」を発生させるイメージです。**

「パイプじゃないなら、それは何なのさ？」という疑問を持つと、新たな解答を見つける空間が頭の中にできます。「パイプ以外のすべてのものになり得る可能性」が生まれ、それって猛烈な「思考の自由」を獲得したことを意味します。「思考の自由」を受け手側に提供することが、デザイナーの役目でもあるのです。

そういえば、2013年10月にオープンした渋谷店の婦人服売り場「コンポラックス（COMPOLUX）」（次ページの写真）の空間デザインもやらせていただいたことを思い出しました。

百貨店を『百貨店ではない何か』と捉え、「歩いて楽しい『公園』のような場所」と新たに解釈し、欧州の公園を囲んでいる美しい柵を可動式ハンガーラックに。噴水のようなべ

Masaya Yoshimura

ンチや、公園のベンチのような陳列什器なども配置し、さらに複数の色を混ぜ合わせながら、ビニールタイルを公園の石畳のように張りました。

竣工直後にチェックに訪れた松本さんはひと言、「百貨店っぽくなくていいねぇ」。

またマグリットみたいなことを言ってるナァと思いつつ、密かに「期待の裏切り」がなくてよかった、と胸を撫で下ろしたのでした……。

「無理やりつなげて断言する」で自主的に裏切る

同じものからでもいっぱいダシを吸い取れる人と、まったく吸い取れない人がいます。後者の人が「もうこれ以上アイデアが出ない」と言うのは、頭の中で整合性がとれてしまっている状態だからだと思います。たとえば「ペン」であれば、「ペンとはこういうものだ」と、イメージが固まってしまっているのです。

一方、「これはペンではない何か」と考えるのがマグリットの「裏切り」。「ペンじゃない」と言われるから「えっ？」となる。重要なのは、「えっ？」という状態を常に、自主的に繰り返せるかどうかです。

自分がよくやるのは、「ものすごくかけ離れたもの」だと断言してしまうこと。「これはペンではなくて、マウスです」と。すると、「ペンみたいなマウスってどんなだろう」「どうしたらマウスになるのかな」と思考が広がり、新しいアイデアが生まれてきます。これが「ペンは鉛筆である」だと飛躍は生まれません。裏切りの力を最大化するには、共通因子がまったくないものを無理やりつなげるのが効果的です。

4 「1＋1」ではなく、「1÷2」で——当たり前の疑い方

2か月間にわたって密着取材されたNHK「プロフェッショナル　仕事の流儀」は、2013年11月25日、無事放送されました。

同番組の2013年度の最高視聴率だったと聞いて、初めは驚きましたが、よくよく思い返してみると放送日は警報が出るほどの大雨と強風。さらに再放送日には震度3近い地震があり、そりゃ皆さんNHKを見るだろうな、と激しく納得です。

すべてが終わってみて気づいたことは、どうやらこの手の密着ドキュメンタリーには、

1. 有名人の舞台裏を露出
2. まだあまり知られていない職業やマイナースポーツの紹介
3. プロの優れた技術によって困っている人や状況を救うドラマ

の大きく3パターンがあり、自分は「3」に当てはまるはずなのですが、デザイナーが遭遇する「困っている状況」は医療の現場のような極限状態ではないし、依頼者は社長さんだったりするので、そもそも「困っている」ようには見えない。

しかも、そういう人からすると「困っている状況」であることをわざわざ公にしたくないわけですから、そうなるとゴルフ焼けした裕福そうなオジサマが「別に困ってないけど、デザインでオシャレでもしちゃおっかな」的な絵になるし、デザイナーもデザイナーで「別にやってもやらなくてもいいようなことを好き好んでやっているお節介な人」に映るという、末恐ろしい構図が出来上がるわけです。

さらに、撮影期間が短いため、顔合わせをしてからプレゼンをするところくらいまでしか番組内に収まらず、視聴者からすると7回裏で野球中継が終わってしまうのにも似た残尿感です。なので、悲しいかな「デザイナーはテレビ向きの職業ではない」という結論に至るわけです。

そんな中、番組内で紹介されたプロジェクトの1つが、小浜市の職人と一緒に作ったお箸でした。「箸は常に2本」という当たり前の事実を疑い、「1本の箸」を持ち歩き、使うときにだけ「半分に分かれる」という考え方をしてみることにしました。**「1＋1」ではな**

く、「1÷2」という発想です。

結果的に、互いに絡み合って固定される、文字通り「1本の箸」が生まれたので、番組的にも何とかギリギリ体裁が整いました。ですが、職人の情熱と超人的な技術がなかったら、間違いなく番組内における「困っている人」は、自分になるところでした……。

Akihiro Yoshida

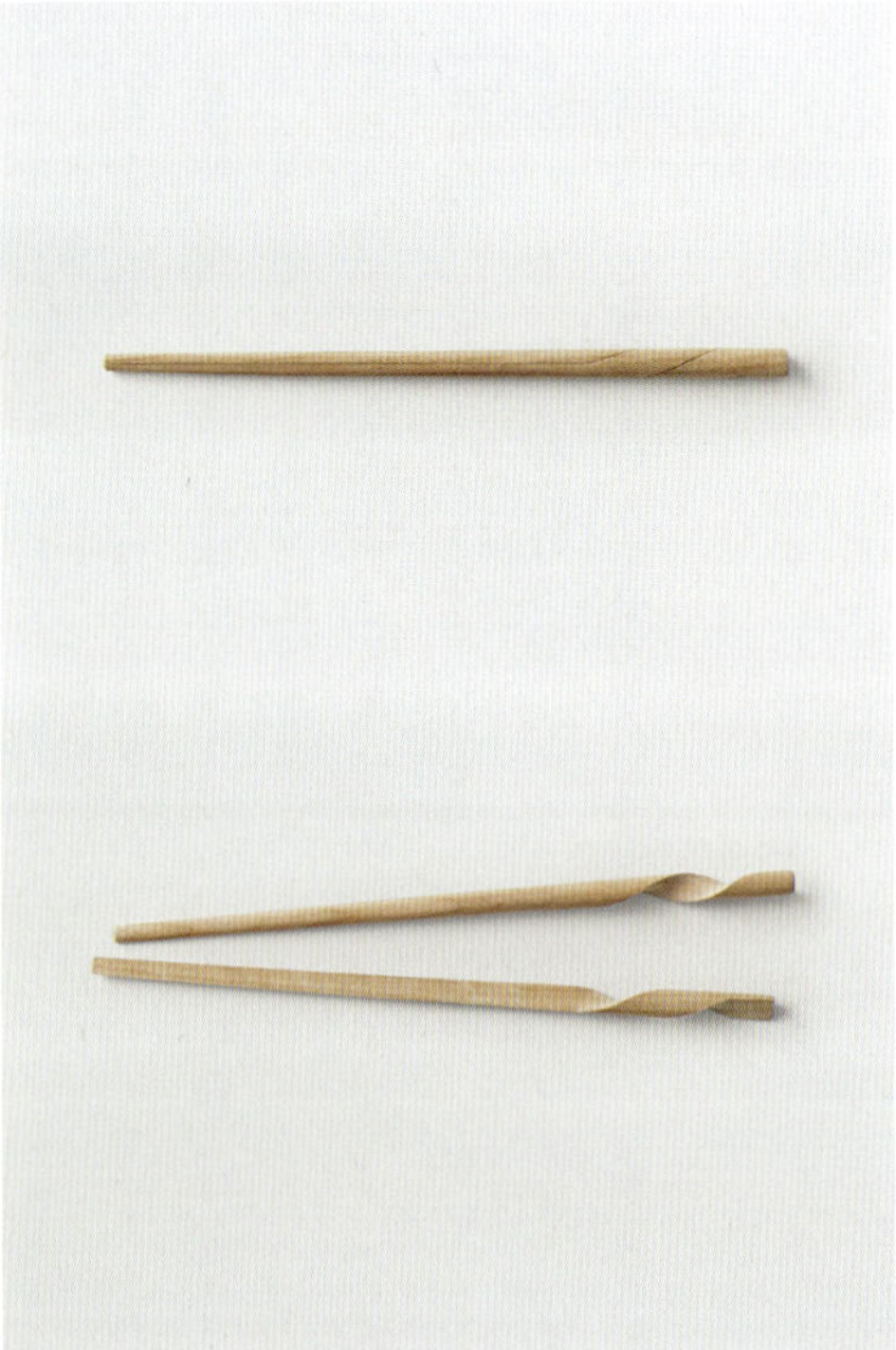

当たり前を疑うための「フィルター」の育て方

基本的に、世の中には「当たり前のもの」「普通のもの」といったものは存在しないという前提が必要です。

ペン1つでも、それを見て「面白いな」とどれだけ思えるか。「あぁ、ペンでしょう？」という人は、すんなりと受け流してしまっています。

感覚的には、「フィルター」を持つことで、わずかな引っかかりも逃さないようにすれば、当たり前を疑うことができます。フィルターの枚数が多ければ多いほど、同じ事柄でもたくさん吸収したり、何かをすくい取ったりすることができる。しかし、フィルターの枚数・種類が少ないとか、そもそもフィルターがないと、自分を通りすぎていってしまう。それは非常にもったいない状態だと思います。

フィルターを養うには、長く使われているもの、長く形が変わっていないものといったとくに「当たり前」と思いがちなものに対して疑問を持ってみるというのが効果的。お箸はいつまでたっても2本だな、とか。今の技術で、これよりも安くとか、これよりもいいものは作れないだろうかと、心地よく否定するという思考法です。

5 「組み換え」だって立派な解決法

ゼロからアイデアを考えるのもデザインですが、**すでに存在するものにアイデアを付加することも、立派なデザインです。**

デザインリテラシーの低い地域では、これを「盗作」と誤解してしまうこともあるようですが（さらにリテラシーが低い地域では、パクること自体が日常的なのでそんな議論も巻き起こりませんが……）、欧米では「リデザイン」という名称で市民権を得ています。

基本的には、時代のニーズやライフスタイルに合うように、昔のアイデアをブラッシュアップするという考え方。優良な遺伝子のみを抽出して組み換えし直す「デザインのバイオテクノロジー」みたいなものです。

このときに重要なポイントは、「新たな価値」を生み出しているかどうか。中身はほぼ変えず、単に表層だけを「リニューアル」することとの違いはそこにあります。「リデザイン」が正しい栄養と運動によって体内から美しくすることなら、「リニューアル」は化粧をしただけで素顔は見られたものじゃない状況です。「盗作」に至っては化粧の仕方をマネしたに過ぎません。

海外のカーデザインでは、BMWの「ミニ」やフォルクスワーゲンの「ビートル」など、割と上手にこれが実践されています。オリジナルが持つエッセンスを巧みに抽出、時代に合わせた進化を着実に遂げています。

その点、日本車はキレイさっぱり「捨てる」のが好きなようで、新しもの好きというか、新陳代謝への抵抗感が少ない。その気質こそが戦後の日本をモノづくり大国に押し上げたわけですが、これからは日本らしい「リデザイン」の発想も求められているかもしれません。

２０１３年、大塚家具のために木製家具のコレクションを手掛けました。

秋田木工という１００年以上の歴史を持つメーカーが製造してくれているのですが、彼らの過去のアーカイブからポテンシャルの高そうなものをセレクトして「リデザイン」しました。

Akihiro Yoshida

たとえば、イスの構造を見直し余計な部材は取り除くことで、スッキリとした佇まいとコストダウンを図りました。そして、木のナチュラルな風合いを残しながらも、テーブルの高さより上の背もたれの部分のみに着色をすることで、ダイニングテーブルとの相性がグッとよくなりました。

どこかで見たことがあるようで、どこにもない。地味ではあるけれど、それがリデザインの魅力なのです。

リニューアルで終わらせないための2つのチェックポイント

「リニューアル」と「リデザイン」の違い。そこには2つのポイントがあります。

1つは、古いものの中から本質的な価値を正しく抜き出して活かせているか。

もう1つは、新しいターゲットを生み出しているか。この2点に尽きます。

リニューアルは今までの延長線上にしかないから、同じターゲット、同じ市場を対象にしていますし、本質的な価値の抽出どころかそのまま肉づけしただけだったりします。

わかりやすいのは、ウォークマンの色を青から赤に変えるのはリニューアルであって、それをｉＰｏｄに変えるのはリデザイン、ということだと思います。「外で自分だけの音楽が聴ける」という本質的な価値は活かしながら、そこに新たな購入方法を組み合わせることで、新しいターゲットを開拓したわけですから。

6 「光る脇役」から考えてみる

ドラマ「半沢直樹」と「あまちゃん」。どちらも驚異的な高視聴率を叩き出していましたが、この2つに共通することとして、個性豊かな「脇役」の存在が挙げられると思います。あくまで主人公を中心に展開しながらも、要所要所でキラリと光る脇役の演技によってストーリー全体に立体感を与えているのは言うまでもありません。この、主役と脇役の「バランス」にこそヒットの秘密が隠されている気がします。

これは何もドラマに限った話ではなく、モノづくりにも当てはまること。最大の差別化要因となる部分が「主役」で、副次的な構成要素が「脇役」です。

もちろん、どうしても「主役」にばかり意識が向きがちになることも事実。たとえばスマートフォンの設計では、モニターばかりをケアして、その他の部品はないがしろにされがちです。

飲食店の設計なら、まずは客席。それから厨房。従業員用の控え室などは後回しです。これはモノづくりのセオリーではありますが、**しかし時には脇役が主役を「食ってしまう」ようなバランスがあっても面白いのではないでしょうか。**

菓子メーカーが新しい板チョコを開発する際には、真っ先に商品の「顔」である「味」と「パッケージ」を考えるわけですが、ここで、**あえて「脇役」である板チョコの「形状」に注目してみる**のです。

形が変われば、食べるときの割り方や音、感触も違うはずだし、口に入れるチョコの大きさも変わります。表面の凹凸やザラつき感によって、口の中で溶ける速度も違ってきます。結果的に「味」にも大きな影響を与え、その形状に適した包装を考えることで斬新なパッケージデザインに仕上がる可能性もあるわけです。

これと似た考え方でインテリアデザインを手掛けたのが、紳士服のはるやまの新コンセプト店「ハルスーツ（HALSUIT）」です。普段は隅に追いやられている試着室を店の中央に配置、その周囲をウインドーディスプレーにすることで人の流れを活性化させ、近くには同伴者が退屈しないようにバーカウンターを設置しました。

Masaya Yoshimura

これにより、試着室の使用頻度や滞在時間が延び、既存店舗よりも購入率が高くなったのです。

いつも「やられ」っ放しの「脇役」にも、たまには「やり返す」チャンスを与えてみてはどうでしょうか。その効果は「倍返し」だじぇじぇじぇ……。

歪みや偏りあるところに「脇役」あり

光る「脇役」を見つけるのにもポイントがあります。

そもそも脇役とは、「偏っている」ところによさがあるわけです。偏っているからメインにはならないんですが、そこが個性になっています。ネガティブにも転ぶけれども、ポジティブにも転ぶ、それが個性ある脇役です。

つまり、歪みや偏りを額面通りに受け取らず、ポジティブに受け入れることこそが、「脇役」発見のカギとなります。

こうした脇役は、料理次第で毒にも薬にもなります。あとは主役と脇役のバランスを考えながら、課題解決のための調理方法を考えていけばいいわけです。

ちなみに、時にはキラーコンテンツが複数あることもあります。主役がたくさんいるようなものです。そういうときは、そのうちのいくつかをあえて脇役にしてみることで、新しい選択肢が見えてくることもあります。

7 今あるものを「線」でつなげば答えは出る

ソチオリンピックが落ち着いた頃から、改めて「東京オリンピックどうするのよ」的な空気がデザイン業界に充満しています。都知事は代わっちゃったし、国立競技場の建て替え問題は相変わらずゴタゴタしているし、なんとも幸先が悪い。

そもそも国立競技場を建て替える必要があるのか、という疑問も……。「耐震性」は補強すればいいだけだし、「収容人数が足りない」と言われているけど、果たしてそれだけの人数を収容しないと本当にオリンピックが成立しないのか。

これだけ世の中が一極集中型から分散型へと移行し、あらゆる行為が場所に縛られなくなり、「場所性」が失われつつある時代において、8万人が1か所に集まってお祭り騒ぎをすることにリアリティがないというか、あまりに原始的ではないか、という気がするわけです。

本来、日本人は広場や大空間に集まって盛り上がることに馴染みがない民族ですよね。お祭りも神輿《みこし》や山車《だし》が町中を練り歩くイベントだし、大名行列もあるときを境に「移動」すること自体が目的化され、民衆の娯楽となったわけだし。東京ディズニーランドのエレクトリカルパレードをこんなに喜ぶ国民も稀でしょう。

サッカーの代表戦後に渋谷駅前のスクランブル交差点で若者たちがハイタッチをしている様子を見ると、いよいよ「移動なくして盛り上がれない」民族なんじゃないかと思うわけです。

だから、おそらくオリンピックは「点」でも「面」でもなく、「線」状のプランニングが有効なんじゃないか。しかも、**「すでにそこにあるもの」を上手く組み合わせれば**、無駄の少ない、「その後の東京」にとっても恒久的な価値のあるものになるのかもしれません。

２０１４年４月、バカラの２５０周年を記念したチェスセットをデザインしました。代表的なクリスタル製のワイングラスを、角度を変えながら切断してそれぞれの駒を表現し、2人でお酒を飲んでいるのか、ゲームに興じているのかわからないような、不思議なオブジェとなりました。**張り切って一からデザインするのではなく、あえて既存のモノをたく**

©Baccarat

さん集めて、つなぎ合わせることで新しい価値を生み出したのです。

無理してがんばっているのが透けて見えた瞬間にカッコ悪く映ることがあります。オリンピックは、その代表格じゃないでしょうか。だからあえて「がんばらないこと」が重要なのかもしれません。東京ってそもそもカッコいいわけですから。

「点」と「線」と「面」の違いを知る

点と線と面。これらを整理しておきましょう。

「点」状のプランニングというのは、一点突破の挑戦者が採る戦法です。一点にすべてのリソースを集中させて、そこに賭ける。当然、リスクも伴います。オリンピックでいうと、たとえば北京オリンピックにおける「鳥の巣」のようなもの。

一方で「面」状のプランニングというのは、逆に業界1番手、2番手など、「持てるもの」が採る戦法。大型の都市計画なんかがそう。本当に街全体を変えるぐらい、徹底的にすべてを同じトーンでブランディングしていくやり方です。もちろん、途方もないコストがかかります。

対して「線」状のプランニングとはかつて成功したもの、すでにうまくいっているものを起点にさまざまなものをつないでいく、という柔軟で軽やかな戦法です。新しいものと古いものが混在する東京であれば、既存のものどうしを線でつないで、まったく新しい価値を作っていけば、風穴は開くハズ……そう思っています。

8 「差別化」は長所を伸ばしきった先にある

アップルが一流ブランドに成り果ててしまった。そう感じるのも、それまでは間違いなく「超一流ブランド」だったからです。

最近のＣＭを見ても他の家電メーカーと代わり映えしません。どことなくお利口さんというか、昔あったワクワク感に欠けるのです。

ｉＰｈｏｎｅも、５ｃくらいからでしょうか。作り自体は申し分ないけど、革新性に欠けるのは明らか。純正のカバーをつけたときに丸窓から覗く「ｉＰｈｏｎｅ」の「ｎｏｎ」からも、緻密さは感じられません。一体どうしちゃったのでしょうか。

元来「リンゴ党」なんて、世間から白い目で見られる弱小野党でした。友人がＮｅｗｔｏｎなるタブレットを持っていた日には、やれ白黒だ、デカいだ、と石を投げつけられ（ウソです）、G4 Cubeを買ったら、その冷却能力の低さから「新しい暖房でも買ったのか」と。iBookを持ち歩けば、「上腕二頭筋を鍛えるのか」と。

でも、その完全なる独自路線こそがアップルの魅力であり、与党となった今も期待されているることなのです。

モノづくりの品質は高いものの、デザインは実はそこまで突出したクオリティではありません。社内デザイナーのレベルだけを見ても、国内の大手家電メーカーのほうが上です。

では何がそんなに評価されたのかというと、国内メーカーでは到底手掛けることのできなかった偏ったコンセプトや、効率の悪い製造方法に次々と着手したことなどによる差別化です。

コストパフォーマンスだけ比べると、他社製品のほうが頭1つ抜きんでているのに、思わずアップルを買っちゃう。それだけの「狂気」が込められた製品開発とも呼べます。

マグネシウムの塊から削り出してボディを作ったり、アルミの押し出し成形でiPod miniを作ったり。完全に鏡面仕上げのiPodの背面も、「狂って」いるものづくりです。でもそれを実現してしまうから、ユーザーはワクワクするのです。

ひたすら長所を伸ばす、このような戦略は、経営者とデザイナーの二人三脚じゃないと

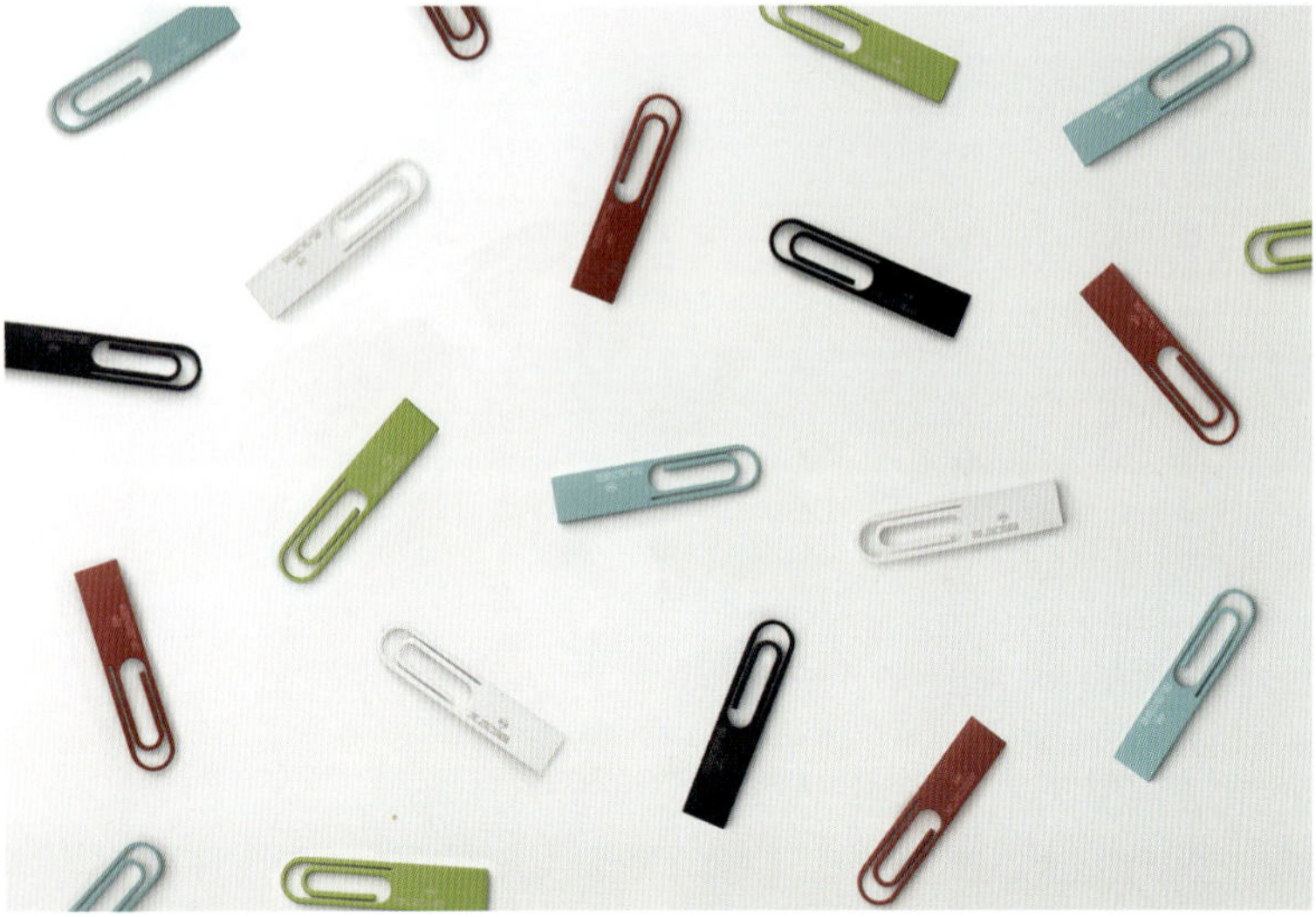
Hiroshi Iwasaki

できない芸当です。
以前、アップル専門販売店用にUSBメモリをデザインしたことがあります。クリップの形にすることで、書類を留めつつデータを持ち歩く、というもの。全盛期のアップルの「狂気」には程遠いものの、いつかそんな狂気を帯びたプロジェクトに参加したいと思いつつ、口を開けてアップルのCMを眺めているのでした。

相対評価ばかりしていては差別化できない

自分は、常に差別化のことばかり考えています。既存の商品や既存の市場に対して、歪みや違和感みたいなものをどう生み出そうか、と。

そんな自分から見ると、日本企業が差別化が苦手なのには理由があると思います。それは、ものごとの対比でしか評価しない、すなわち相対評価でしか判断しない、という点です。しかしそれでは、人と大きく違うことをするのは難しいし、かつてのアップルのような「狂気」や情熱を込めることなど認められるはずがありません。

自分が必要だと思っているのは、他者との比較ではなく、「自己チュー」な考え方をしてみること。一度、市場の動向を無視してでも自分たちがやりたいことなのかどうか考えてみるのです。こうすると、自分がワクワクするか、その商品を使ってみたいと思うか、という軸で評価し直すことができます。そうした議論があれば、自然と差別化に至りますし、「狂気」が宿る商品が日本から出てくることもあるのでは、と思っています。

9

「ピーク」からの逆算
――解決への道筋をデザインする

今年も夏の高校野球が盛り上がりましたね。最近はほとんど見ていないのですが、2012年の甲子園で1試合22奪三振という離れ業を成し遂げた、神奈川の桐光学園高の松井裕樹投手くらいは知っています。

その翌年は県大会の準々決勝で散ってしまいましたが、印象的だったのが、試合後に号泣している姿。高校生の純粋さとひた向きさの象徴で、誰もがある種のノスタルジーを感じるものです。いわゆる「青春」ってやつですね。

ただ、一方で気になるのは、ごく稀に出現する「負けても泣かない」球児の存在です。メジャーリーグで活躍中のダルビッシュ有投手もその1人。2004年の甲子園3回戦は悪天候と味方のエラー絡みでの敗戦でしたが、ダルビッシュ投手自身が最後のバッターとして三振に倒れました。

ところが、直後に見せたのは晴れやかな笑顔。その笑顔には鳥肌が立つようなインパクトを覚えました。

今ではすっかり日本球界のエースとなった田中将大投手も、早実との決勝戦で、これまた最後の打者として三振に打ち取られて敗れましたが、涙を見せるどころか、「チェッ」といった感じで、ふてぶてしい笑みすら浮かべていました。

いささか乱暴ですが、高校野球で負けて泣かない選手は大成する気がします。自身のキャリアプランを描き、現状の能力や成長速度と照らし合わせたうえで、高校3年の夏は自分の**ピークではなく1つの通過点**と捉えているのかもしれません。

まぁ、だとすると高校生としての可愛げはゼロですが（笑）。ただこれは、イチロー選手の「50歳まで現役でいたい」というコメントから透けて見える、50歳から逆算した結果として、今やるべきことを淡々とこなすメンタリティにも近い。

デザインの現場においても似たような状況があります。長期的なブランディングを重視した商品なのか、あるいは短期的な売り上げを求めるのか、それともその中間的なスタンスなのかによって、デザインの仕方はまったく異なります。いずれにしろ、商品の「ピーク」をプロジェクトメンバー全員が共有し、そこから逆算することが大切です。

甲子園で燃え尽きる者と、甲子園を通過点にする者。どちらが正解とも言えませんが、どちらも十分魅力的な存在に違いありません。そして、松井投手が今後どう成長していくのか、今から本当に楽しみです。

逆算に学ぶ、
デザインとマーケティングの違い

デザインは、逆算してばかりの仕事です。一方、マーケティングは、これまでの数値や実績、結果を整理して、現状に反映させることと言えます。過去の出来事から今に向かってくるのがマーケティングで、「こうなりそうじゃないか」という仮説を立てて、そこから逆算していくのがデザインという感覚です。

これは、どっちが正解という話ではなくて、マーケティングの情報がないとデザインもできないと自分は思っています。

たとえるなら医者のそれに近い。「これまでの病気の経過からすると、このような治療法が有効だと考えます」と、ここまでがマーケティング。そして、「今の生活を続けると、あなたは3年後、こうなりますよ」という、その「なりますよ」のニュアンスが仮説で、さらにそこから逆算して「そうならないようにするには、今からこうしたほうがいいですよね」というのが、デザインの役割ではないかと考えています。

10 「ワガママ」と「コダワリ」のサジ加減を覚える

デザイナーの「ガンコさ」が最近気になります。よく言えばコダワリですが、一歩間違えるとただのワガママなので、その辺りのサジ加減がとかく難しい。

「デザイナー＝ワガママ」という間違った認識が世間に定着したのは、1980～1990年代に肉食系デザイナーが世界的に大量発生し、表層的かつ装飾的なデザインを振りかざしながら個性の押し売りをしたせいです。

その反動からか、自分の世代はコミュニケーションを通じた問題解決に主軸を置いた、いわば「草食系」世代になりました。

ところが、この「装飾主義」ならぬ「草食主義」のデザイナーは、「決定力不足」というどこかのサッカー代表チームのような問題を抱えています。スマートに解決するんだけど、

天理駅前広場空間デザインプロジェクト copyright：nendo

空気を読みすぎているというか、味気ないというか、「軸」がないんです。

サッカーはチームワークを競うのではなく、1点でも多くのゴールを決めることが最終目的。チームの和やプロセスを重視しすぎるあまり本来の目的を見失うことは、モノづくりの現場でもよく見られることです。

そこで求められるのは、ストライカーにも似たワガママかもしれません。自分にしか見えていないシュートコースがあるなら、チームの和を多少乱してでもゴールを狙いにいかなければならないのです。

状況次第ではデザイナーの「独断」が

クライアントの背中を押し、プロジェクトの推進力となることもあります。

空気を読みつつも、時にはガンコになる勇気を奮い立たせ、まさに「一見、草食系だけど中身は肉食系」の「ロールキャベツ化」が必要だといえそうです。

ちなみに自分の場合、2014年10月にシンガポールで開催されたJETROの企画展の総合プロデューサーや、2015年ミラノ万博の日本館のデザイン、奈良県天理市の天理駅前広場の再開発など、プロジェクト規模が大きくなってきているせいで、自分の中の細い「軸」がブレそうになっていると感じることが増えました。

そんなときは、まるで「コマ」のように全力で頭を回転させることで、軸を安定させようとしています。

とはいえ、オトナな対応が求められる機会も増えてきているせいか、「草食化」は着実に進んでおり、フタを開けてみたらほとんど肉の入っていない「煮込んだキャベツ」に成り果てていないか、少々心配です。

答えは頭の中ではなく「テーブルの上」にある

「コミュニケーションを通じた問題解決」とは、クライアントとのやりとりを通じて解決していく、ということですが、ここには1つ、大事な前提があります。

それは、「答えはすでにテーブルの上に載っている」というスタンスでいることです。問題解決、というと誰かの頭の中に答えがあるような印象を受けますが、それだとコミュニケーションが介在する余地はありません。一方的に解決しているだけです。

そうではなく、答えはすでに目の前のテーブルにあって、それを探す作業をクライアントと一緒にしていくというのが、双方向的な問題解決と言えます。対話や脱線、疑ってみたりする中で新しい目線で考えられるようになり、答えが見えてくる……そんな感覚でいつも仕事をしています。

第4章

デザイン目線で考えると、刺さる「メッセージ」が見えてくる

――オオキ流「伝え方」講座

1 「そのアイデア、友だちのオカンに電話で話して伝わりますか？」

野球中継を見ているとたまに遭遇する、意味不明の解説コメントが妙に気になります。「ここはアウトにならないように意識しないといけませんね〜」って、逆にそれ以外のことを考えながら野球をしないでほしいな、とか。緊迫した投手戦で「なんとしても先に1点取って先制したいですね」って、それって「先制」の意味を解説しちゃってますからね。ちなみに自分が高校生のときに巨人戦で聞いた「実に川相らしいプレーですね」というのは、今までで最も「可愛らしい」コメントじゃないでしょうか。

話はそれますが、野球といえば以前、「ヤクルトがダノンと契約解消」という見出しを見て、ダノンなんて助っ人いたっけな、と思う始末です。

いずれにしても、「何かを伝えること」の難しさはどんなときも存在します。デザインもしかり。単にカタチを作るのではなく、受け手に何かしらのメッセージを伝えねばなりません。

伝える内容は新しい技術、機能、ライフスタイルなどさまざまで、**重要なのはそれをいかに「直感的に」伝達できるか**ですが、これがまた難しい。なので、「いいデザインとはなんぞや」と聞かれたならば、何も専門的な知識のない人に、つまり幼稚園児でもオカンでもいいのですが、電話で商品コンセプトを伝えて「面白い」と感じてもらえるかどうか、だと思っています。

先日、「コーヒービール」なるもののパッケージをデザインしました。ビールの醸造過程でコーヒー豆を漬けて、コーヒーの苦味と風味がビールの深いコクを引き出すというもの。気仙沼市のアンカーコーヒーと一関市の世嬉《せき》の一《いち》酒造による共同開発なのですが、どちらも東日本大震災の被害を受けて、がんばっているから応援してヨ、と震災復興支援ファンドを組んでいるミュージックセキュリティーズの小松さんが言うもんだから、ノーギャラで引き受けちゃったんです。

コスト上、瓶の形状は変えられません。そこで、コーヒー豆の形をした小さなシールを1枚1枚、手で貼ってもらうことにしました。1本1本、微妙に違う絵柄になるのは大手のビールメーカーにはできない表現だし、何よりも「造り手の想い」が商品に込められるかな、と考えたわけです。

どの程度、直感的に伝わるかはわかりませんが、どことなく「川相らしい」パッケージになりました。

Hiroshi Iwasaki

「素人目線」を持ちつづけるための「もの忘れ」のススメ

友だちのオカンに伝えられるか、ということとは、「素人目線」をいかに持ちつづけられるか、ということにかかっています。自分の視点をどうやってリセットするか。

これは、なぜ自分が300を超えるプロジェクトを飽きずにどんどんできるのか、ということにも関わっています。

300も抱えていて混乱しないんですか、とよく言われます。感覚としてみんなが思い描く300というのは、次ページのイラストの左側の人のように、頭の中に300すべてが詰まっている、ということのようなのですが、僕の感覚としては違っていて、右側の人のような感覚です。

あるプロジェクトについて考えているうちは、その1つのことしか考えていないんです。残りの299はすっかり忘却の彼方。しかも順を追って考えていくと、最初の1に返ってくるまでに300ステップもかかるので、いい具合に忘れられる、というメリットも。稀に、打ち合わせで座ったときに「これって何だっけ」というところからスタートすることがありますが、それがいいというときもあったりします（笑）。

人は同時に2つ抱えているだけでも、すごくいらいらするもの。だから、1つずつに集中することで視点も頭の中もリセットできるんです。

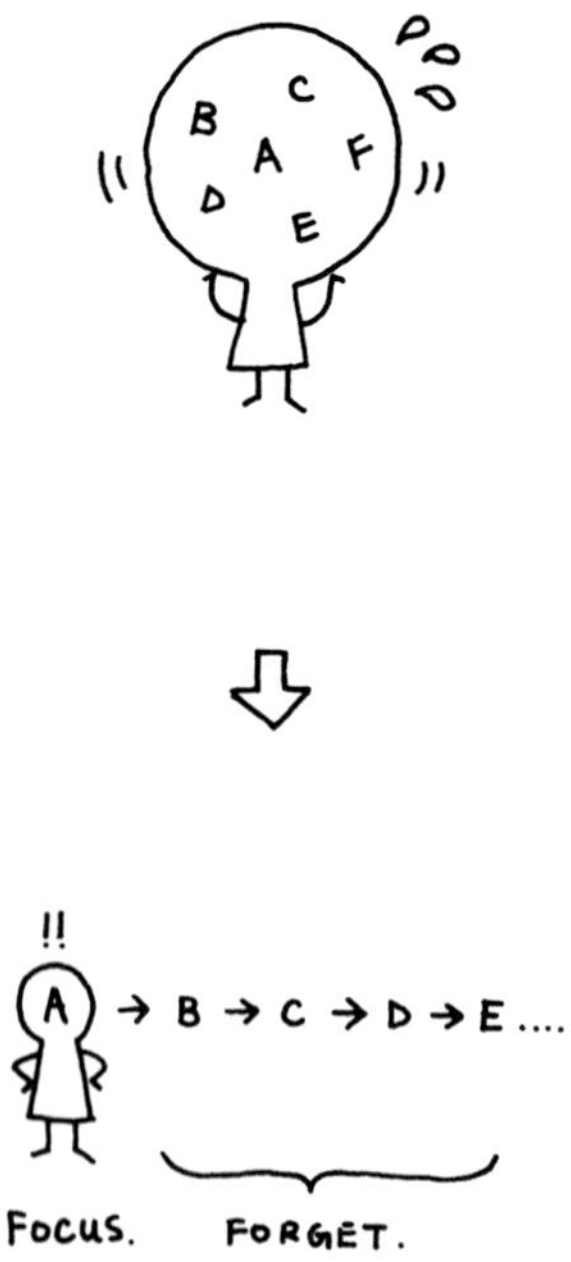

2 商品はメッセージ
——誰目線で伝えるかですべてを決める

「万引きを　しない勇気と　させない社会」というポスターをたまに見かけますが、違和感を覚えるのは自分だけでしょうか。よっぽど万引きを「する」ほうが勇気がいるんじゃないか。単なる小心者なのかもしれませんが……。

ひょっとしたらこれは完全に「万引き常習犯」を対象としたメッセージなのかもしれません。「おい、小池！」みたいに対象者が超ピンポイントのポスターもありましたからね。

でも仮にそうだとしたら、最後の「させない社会」は誰目線なのか。まさか常習犯に、「万引きをガマン」させたうえに、「他人に万引きをさせない社会づくり」まで期待しているとすれば、ちょっと同時に多くのことを求めすぎているのではないか、と思うわけです。

万引きをガマンするのは「勇気」ではなく「自制心」という気がしなくもないですが、

「悪いことをしない」ことも、「勇気」の派生形としてカテゴライズできるのかもしれません。万引きどころか痴漢も盗撮もしていない自分は、どんだけ「勇者」なんだって話になりますけど。

以前、滋賀県の桶屋「中川木工芸　比良工房」とコラボレーションをさせていただく機会がありました。

木の繊維を傷つけない加工で保水性を維持する技術や、水を含ませることによる木の膨張を活かした防水、外側から締めつけるタガと内側から突っ張る底ぶたのバランスなど、その技術はいずれも素晴らしく、まるで木と語り合うように桶が1つひとつ丁寧に仕上げられていきます。その様子を見ているだけで、思わず涙が出そうになります。

こうした感動を活かすべく、おちょこ、ぐいのみ、ショットグラス、タンブラー、とっくりから成る酒器コレクションをデザインしました。

桶を現代のライフスタイルに持ち込むことは簡単ではありませんが、**技術を別の形に変換することで、現代の大多数のユーザーにピントの合ったメッセージ（商品）となり得るのです。**

そして、新境地に積極的に挑戦しようとする中川さんの、本当の意味での「勇気」を目

Akihiro Yoshida

の当たりにすることもできました。

ちなみに冒頭で紹介したポスター、よくよく見ると剣道着を着た草野仁さんの姿が。あ、そうか。「万引きを『しない』」と「竹刀《しない》」をかけているのか。これぞまさに、世界ふしぎ発見！ってそんなはずないですね。

メッセージは
ぎりぎりまで絞り込む

誰目線でメッセージを伝えるか、というのはとても大事なことです。先ほど紹介した標語のように、多くのメッセージは「ピント」が合っていません。ピントが合っていないメッセージの多くは、盛り込みすぎです。

日本の文化の一部なんでしょうか。幕の内弁当的な、バランスよくいろいろ盛り込むほうが安心感があるのかもしれませんが、メッセージは研ぎ澄ましていったほうが刺さります。

いっぱい言いたいことはあっても、メッセージに優先順位をつける。そのうえで、優先順位の低いものは、思い切って捨てるのです。先ほどの桶屋さんとの仕事では、自分は「桶としての機能」を捨てました。そうすることで技術の素晴らしさがより際立ち、深く刺さるメッセージを発するアイデアが生まれたのです。

3 「正しく伝える努力」をしたかを常に問う

日本の景気は右肩上がり、なんて言う人もいますが、自分の右肩は上がらなくなりました。はい。35歳にして四十肩になりました。

同様にうだつが上がらないのが日の丸メーカー。依然、苦戦を強いられています。

そうした日本企業の共通点として、「見る人が見ればわかる」とか「モノはいいのに売れない」といった類いの主張があります。「いいものさえ作っていれば売れるはず」という考え方です。

海外企業はこの逆で、「売れるものがいいもの」くらいの割り切り方。こうした考えが正しいとは限りませんが、競合他社を意識した無駄なバージョンアップ、営業部の要望だけで付加された無用な機能、ひたすらスペックばかりを追求する商品開発……というのも考えものです。

日本企業は最先端技術で勝負したがる傾向があります。しかし、そこにばかり意識が向きすぎると、あっという間にモデルチェンジ、前の技術は置き去りにされて廃《すた》れるのが現代です。

最先端の技術をゼロから開発するにはコストも時間もかかる。とはいえ、「型落ち」技術を別の用途に転用するためのアイデアをエンジニアに期待するのも酷な話。そこで力を発揮するのがデザイナーです。

エンジニアにとっては「どうってことない」素材や技術も、デザイナーにとっては宝の山。**ほんの少しだけユーザーを意識した商品コンセプトと、それを正しく伝える努力をすれば、製品は生まれ変わります。**

まだ駆け出しの頃に、パイオニア精機の工場を見学した際のこと。部屋の隅に転がっていたのは、発光するドットが無数にちりばめられた透明素材。液晶のバックライトを均質に光らせるものですが、すでに高効率な技術に取って代わられた代物でした。

これはもったいないと、この素材で照明器具を作ってミラノサローネに出展したところ、審査員特別賞をいただく結果に。液晶ディスプレイの世界ではポンコツなものでも、インテリアの世界においては斬新なものとして評価されたわけです。

最先端技術を駆使したデザインが「高級食材をキッチリと調理する」三つ星レストランのコース料理ならば、既存技術を転用するデザインは「冷蔵庫を開けてみて、残っている食材を素に献立を考える」主婦の料理。これからのデザイナーは「シェフ」だけでなく「主婦」もできないといけない、そんな時代なのです。

「ほどく」作業で すでにあるモノを棚卸ししよう

「すでにある」技術やモノを転用するとき、やってはいけないことがあります。

それは、「こういうものを作りたい」という感じで乗り込んでいくこと。絶対にうまくいかないし、こういう視点ではいい「主婦」になることは無理です。まずは「棚卸し」、すなわち全部並べてみて検品作業することが欠かせません。

自分はそもそもこんがらがった糸のカタマリみたいなものを渡されることが多いのですが、それをまずほどく作業を、クライアントと一緒にやっていきます。「このぐらい長い赤い糸が何本ありますね。青い糸は何本ありますね」と言って、それをテーブルの上に広げてから、「じゃ、この糸を使ってどんな布を織りましょうか」と。そういうステップが必要です。

その会社が持っているポテンシャルに当事者が気づいていないことは、案外多い。社長は気づいているけれども現場は気づいていなかったり、その逆だったり。その人たちが持っている本質的な価値をまずどうつかむかが、「主婦料理」の最初のプロセスだと思います。

4 目に見えないものを、「見える化」して五感に訴える

海外出張中です。今回はパリ、ミラノ、コペンハーゲン、ニューヨークを10日間で回るというものですが、初夏のこの時期にしては涼しく、世界の猛者《もさ》どもの〝体臭〟がまだ感じられません。

逆に言うと、彼らの体臭が漂いだすと夏の訪れを予感させられるという、いわば「季語」です。なぜかフランスやイタリアといった国はとくに強烈です。

彼らはそれを隠すどころか、むしろ男性ホルモンの過剰な分泌からくる「セクシーさ」というアピールポイントらしく、香る人ほど肩で風を切って歩いています。その様子がまたクサいんですけどね。

このゴルゴンゾーラ的な臭いは、そういったものを普段食べている食文化に起因するの

かどうかわかりませんが、まさに「大衆文化」ならぬ「体臭文化」と呼べるでしょう。いずれにせよ、間違いなくコクのある赤ワインが合いそうです。

ところで、ワインが合う合わない、という話で思い出しましたが、「味」にはそれぞれ合う「色」があります。誰から教わるでもなく、「緑色のミカンを酸っぱそうに感じる」など、人は色を通じて味を区別するアンテナを持っています。

デザイナーはこれを逆手に取ることで、目に見えない「味」を「色」に変換し、視覚情報化しなくてはいけません。**同じトマトでも、すっきりとした酸味のある味なのか、あるいは濃厚な甘みがあるのか。それを正しく伝える「赤色」は必ず存在します。**うかつに「この赤はフェラーリみたいでカッコいいから」と適当な赤色を使ったら、アンテナが誤作動を起こして「期待していた味と違う」ということになりかねません。

2006年に「ACUO」という口臭除去ガムのブランドの立ち上げに参加した際、当時の競合商品と違い、あえてにぎやかなイラストや文字要素のないパッケージを提案しました。店頭で「叫ぶ」のではなく「ささやく」ことで耳を傾けてもらうほうがいいのでは、と思ったからです。「口臭が3倍消せます」とアピールされても、持っているだけで恥ずかしいだろう、と。

このコンセプトにおいて、ミント味の清涼感を表せるのは、スーッと消える「グリーン」だけでした。

おかげさまで商品は大ヒットし、発売直後のコンビニの週間販売数は過去最高を記録。何か月も1位を記録したそうです。もっとも、お口の臭いには効きますが、体臭には効かないのが悔やまれます。

Masayuki Hayashi

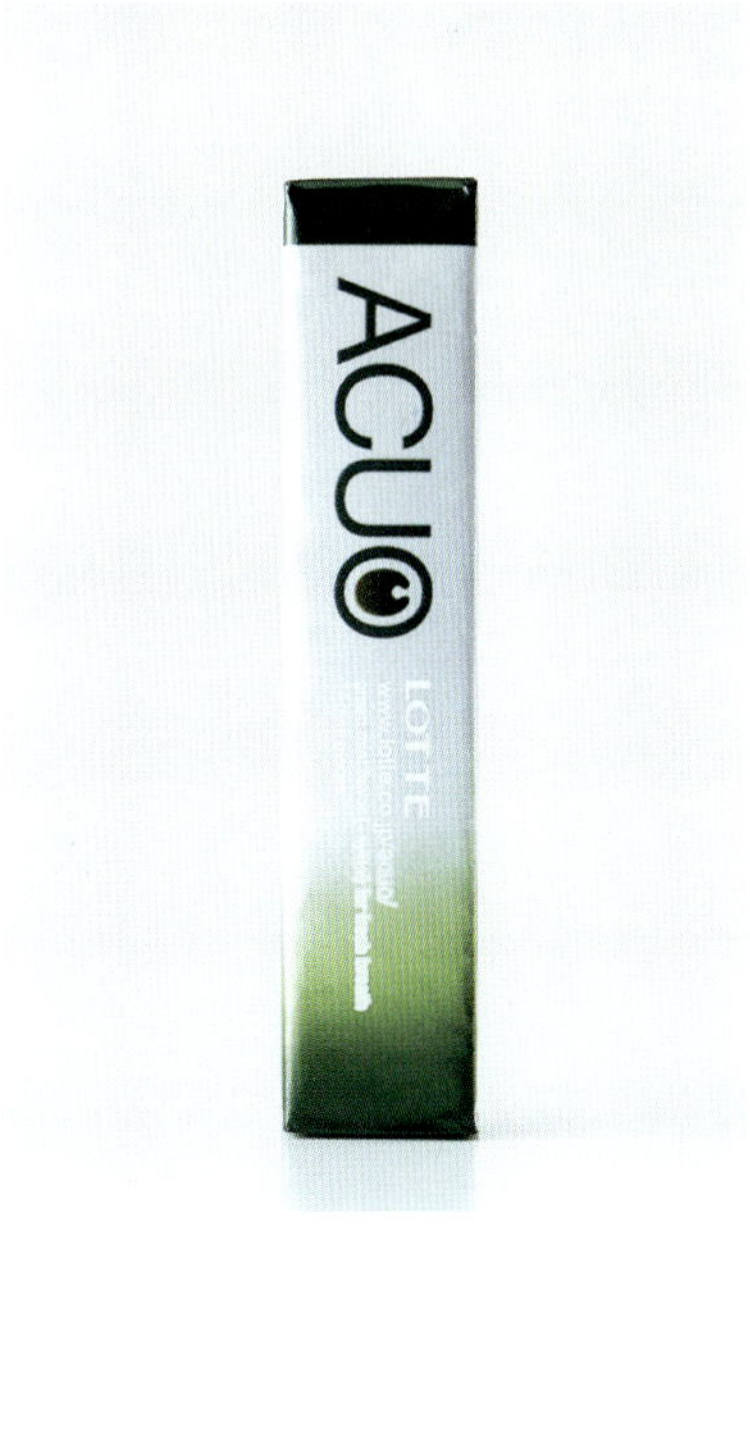

見える化は、「ジャケ買い」で鍛えられる

デザインというのは、見える化するということ。社長の思いや会社の雰囲気など放っておいたら誰にも見えないものも、正しくデザインすれば視覚化することが可能です。それが「ブランディング」の第一歩です。

じゃあどうすれば見える化できるようになるのかというと、普段から意識すること以外にはありません。たとえばコンビニでジュースのパッケージを見て、これは酸っぱそうだなと思って飲んでみたらすごく甘かったりする。そこで、「あれっ？」というふうに自分の中で意識する。ビフォア、アフターで必ず正解はわかります。

実はこれ、デザインができる、できないとは無関係。訓練できることなんです。自分が最初に感じた第一印象とその後の印象のギャップを減らしていくというプロセスを踏むことで、それだけ訴求力があり、伝わりやすいものへと近づいていくことができます。そうやって日々、トレーニングすることが大事です。

自分たちのラジオ番組で「世界ジャケ買いの旅」というのをやっ

ています。コーナー名は「グローバル・サウンド・スケッチ」。海外出張の際、その地のCD店へ行って、字が全然読めなくても、これはたぶんロックだとか、このイメージはとても透明感のある音楽に違いないとかいってCDを買ってくる。まるで想像していたのとは違うこともあるんですけれども、これも案外トレーニングになっていたりします。

5

「どう見られているか」と「どう見られたいか」の違いを知る

どういうわけか、企業の総合デザインのお話をいただく機会が増えました。インテリアから商品開発、ロゴやパッケージ、カタログまで、ユーザーとのあらゆるタッチポイントを統一したイメージに整えるという、そんな仕事です。

これまでも商品や店舗単位でのデザインはやらせていただいていました。むしろそういった異なるコミュニケーション手段を組み合わせることでメッセージ性を高める「総合格闘技的デザイン」を主戦場としてやってきましたが、その範囲が広がってきている印象です。

最近だとベンチャーキャピタルの「ジャフコ」やスーツケースの「エース」、回転寿司の「あきんどスシロー」など、商品力は高いのに、その魅力をユーザーに伝え切れていないといったケースが多く、大いにやりがいを感じています。

こういった企業の共通点は、**「自社が人からどう見られているか」と「どう見られたいのか」が意外とわかっていない**点にあります。

自分の容姿がわからないと、どんな服が似合うのかわかるはずがありません。そして、「こういうふうに見られたい」という意思がないと、「そのまんま」の格好になります。

自分がハゲているかどうか把握しているか。ハゲを活かしたオシャレ坊主《ボウズ》にしたいのか、ヅラで隠蔽したいのか。それこそが**「ブランド戦略」**の始まりです。

だから、最初の一歩としては、クライアントに対して「自分たちを車メーカーにたとえるなら？」「スーパーに並ぶお菓子なら？」という具合に、日常的なものと照らし合わせながら現状の姿をあぶり出していきます。そして、「なりたい自分」をカタチとして提示するのが自分の役目です。

カタチもないところで未来の話をしても、1人ひとりのイメージにズレが出るのは当たり前。具体的なカタチが目の前に現れることで議論の「基準」が生まれ、発言しやすくなります。

「好きなタイプの女性は？」と言われても答えに困るけど、「〇〇ちゃんと××ちゃんならどっちがタイプ？」と聞かれると答えやすいのと似ています。

こうしていろいろなことが整理されてくると、面白いことに自分たちが思っていたほど「なりたい自分」が現状と乖離していなかったと気づくことが多いのです。

短所の近くに長所が隠れていること、よくありますからね。意外と近くにタイプの女性がいた、みたいなこと……ないかなあ。

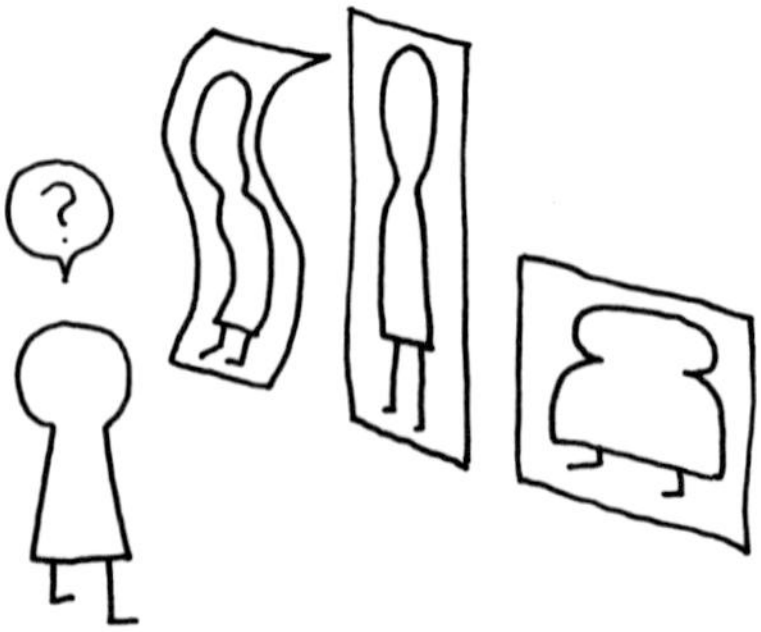

「脱線力」で無理やり相手の視点を変える

「どう見られているか」と「どう見られたいか」の違いに気づいてもらうには、さまざまな質問を相手に投げかける必要があります。これには雑談力、イヤ、「脱線力」が役に立ちます。

その際、相手の置かれている状況や立場を無理やり変えてしまうよう意識しています。頭を切り替えてもらうんです。たとえば、クライアントの状況について、カフェ業界は同じような構図になっていますよ、という話をする。すると、相手は途端に消費者目線になっていろいろと話をしてくれたりします。立場を変えさせることによって、議論に深みをもたらすことができます。

ですので、脱線すればするほど、そこから何かしら引き出せます。自分たちは意外にそう見られているのかというのが見えてきたり、実はこうなりたいと思っていたけれどユーザーからはそんなこと全然期待されていなかったというのがあぶり出されたりします。

6

相手が何に「しっくり」くるのかを見極める

これといった理由がないのに不思議と馴染むというか、妙に落ち着く感覚ってありますよね。インテリアでも、工業製品であっても。

この「しっくり」くる感覚は、日本人と西洋人とでギャップがあるようです。その根本的な違いは**「中心」と「隅っこ」というキーワード**に収束されると考えています。

西洋の街には必ず「中心」があります。多くの場合それは「広場」で、そこには大階段や噴水、教会、モニュメントなどがあり、その中心性を強調している。そもそもは公共の水が使える井戸があって、それが広場になっていったんでしょうけど、いずれにせよパリの放射状の都市計画などは代表格。要は、あらゆる造形に「中心」があることで「しっくり」くるわけです。

逆に日本人はこの「広場」を上手く使えない人種でして、どちらかというと「路地」の民族。狩猟民族と農耕民族の差で、グリッド（格子）状の田んぼから派生したあぜ道がルーツなのかわかりませんが、京都などに見られる路地や、そこから生まれるコミュニティは日本独特のものです。

電車なんかもそう。空いている電車に乗ると、なんとなく椅子の隅のほうに座りますよね。混んでいても、我先にと端の席に移動する人をよく見かけます。たぶん「隅っこ」のほうが落ち着く場所なんでしょう。でも海外だと真ん中にドスンと座るわけで、これも一種の「広場」と「路地」の関係といえなくもない。

最近でこそスマホ全盛の時代になりましたが、つい最近まで2つ折りの携帯電話が主流だったのは日本だけ。小さな画面でボタンを押して縦長の画面をスクロールする、チマチマした動きはある意味、広場的というより路地的なインタフェースであって、西洋人には「しっくり」こなかったのかもしれない、なんて考える自分は、たぶん偏ってます。

前にも書きましたが、2013年、「ブラケッツ（brackets）」というオフィス用ソファを、コクヨファニチャーと作りました。いくつかのユニットを組み合わせることで、ミーティングスペースやラウンジ、集中ブースなど、さまざまな空間を自由に作れるちょっとしたスグレモノです。
まさに「隅っこ」をどう生み出すか、というコンセプトなのですが、意外にも数多くの海外メディアに取り上げられ、次々と引き合いがあるとか。日本的な「しっくり」が海外で理解される日は、そう遠くないのかもしれません。

Akihiro Yoshida

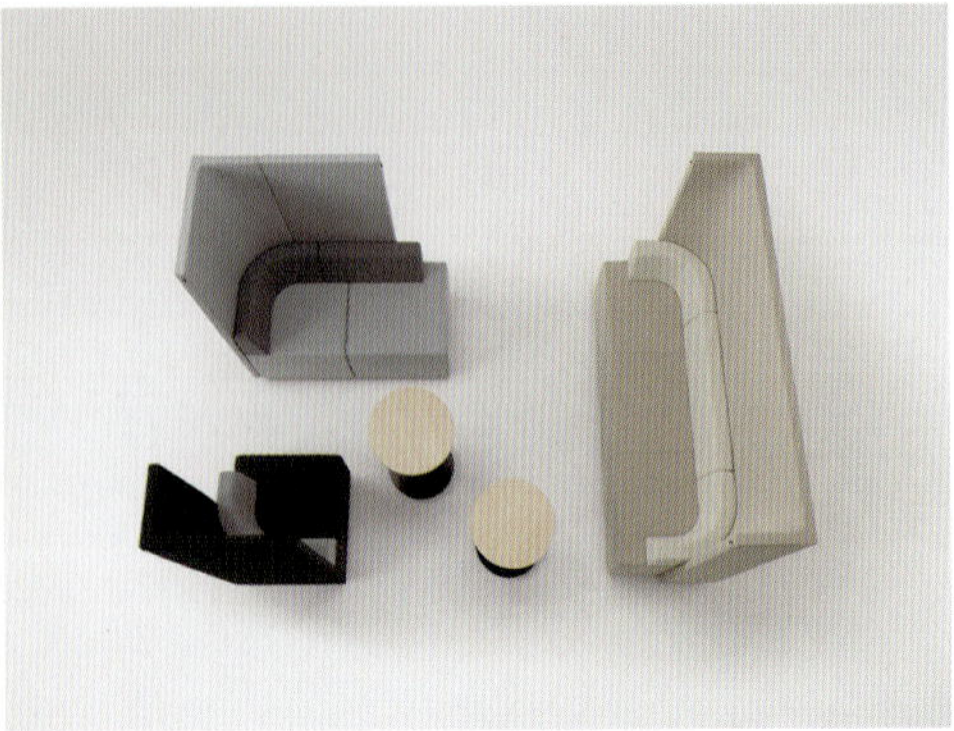

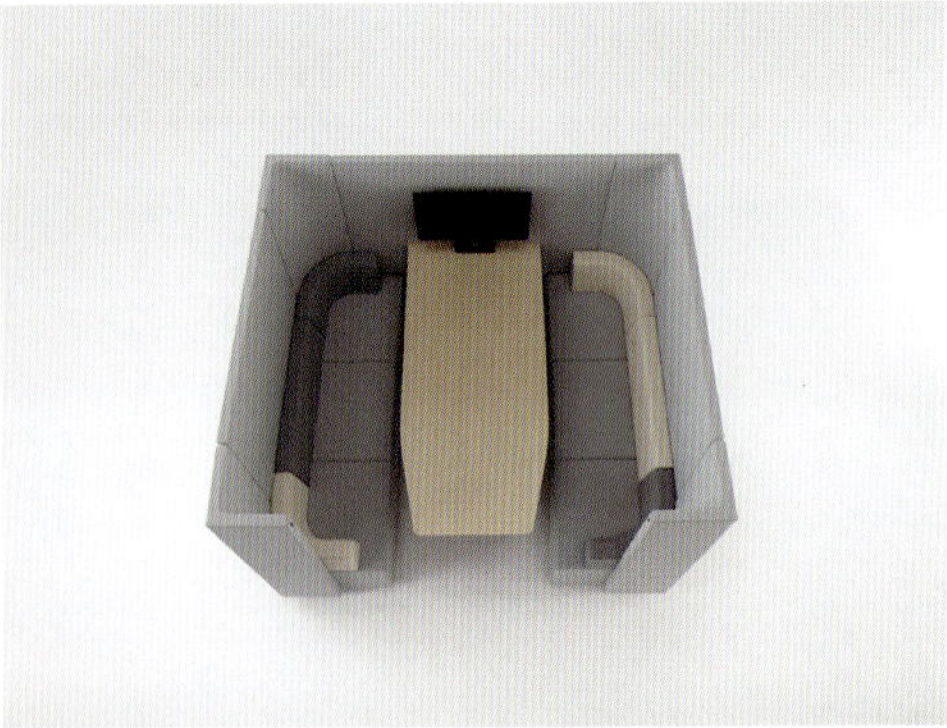

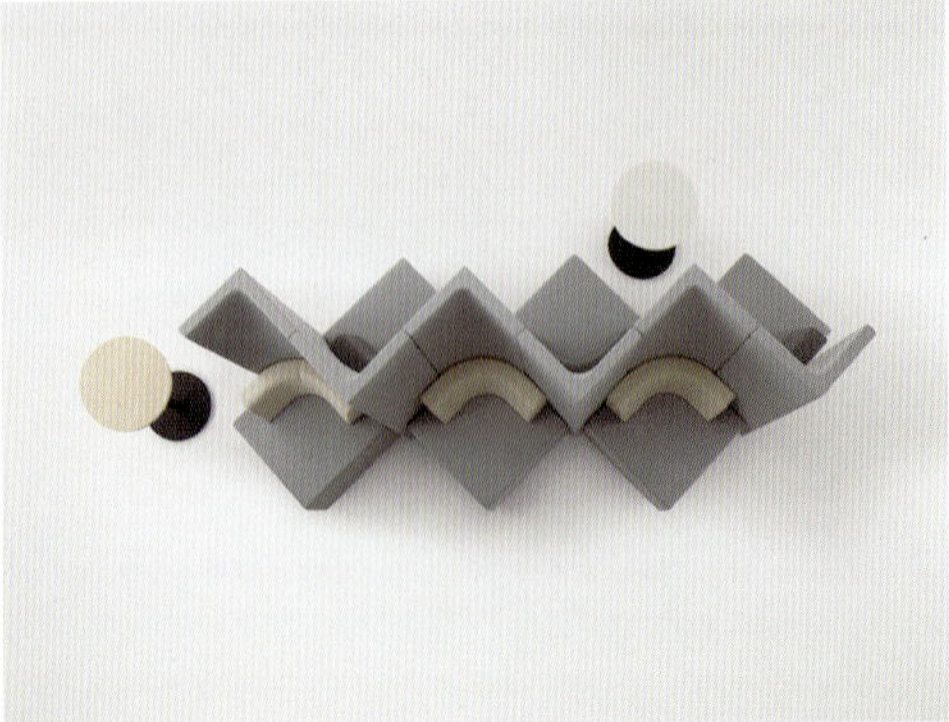

人が理解できる領域には4つの階層がある

「しっくり」くる。これは抽象的で説明するのが難しい、感覚にまつわる話です。

図で表しましょう（次ページ）。人の理解できる領域は、階層状になっているように思うんです。一番外には、たとえば数字、スペック、価格というものがきます。これらは、万国共通で理解しやすいレベルです。

その内側にくるのは、日々の生活や住んでいる地域において共有できる感覚や、時代の空気感といったトレンドみたいなもの。

そのさらに内側に入ってくるのが文化的な要素です。「しっくり」感というのは、この階層の話。

最後の中心にあたるのは人の本質的な部分で、それが、207ページでお話しする美味しいと感じるか、まずいと感じるかというところになります。たとえばアフリカの人であってもアメリカの人であっても日本の人であっても、これは美味しそう、まずそうというのが「なんかわかる」という感覚です。

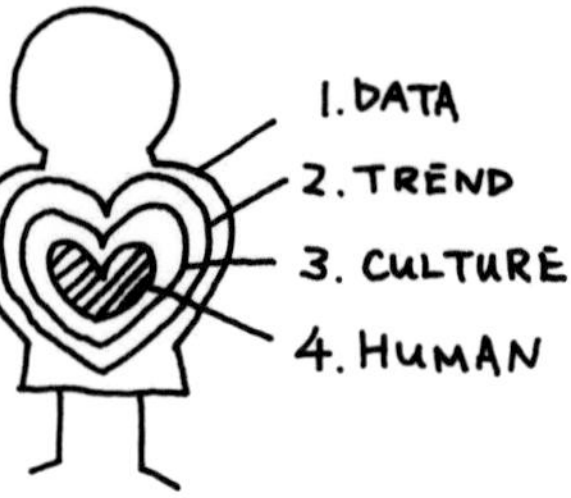

そういう本質的な部分に、体は自然と反応します。たとえば真っ暗闇の中で明かりをぱっとつけたら思わず反応するというのも、直感や本能といった人間として本来備わった要素がある。

この4つの階層をどこまで意識しながらモノづくりや企画を考えていくかによって、本当のロングセラーになるか、さらっとワンオフで売れるものになるのか、変わってくる気がしています。

それはターゲットの絞り込み方とも連動します。絞り込むとなるとトレンドや価格やスペックはきちんと意識しなければなりませんが、iPhoneのような、世界中の人が理解できて使い方もわかって愛される商品を目指すのであれば、そのさらに奥の奥を意識しないといけません。

7

奇抜さはいらない
――メタファー思考で「たとえて伝える」技術

デザイナーという職業に「向いている人」と「向いていない人」がいますが、別にお絵描きが上手だったり、手先が器用であったりする必要はありません。奇抜な発想力もいりません。

ものごとをフラットに観察し、新しい切り口を発見する「眼」と、それをしっかり形にしていく「根気強さ」。それと、自分の考えを正しく伝える「コミュニケーション能力」さえあれば、デザイナーとして食いっぱぐれることはありません。

その適性を見分ける方法に、『『たとえ話』が上手かどうか」があります。

「簡単に言うとですね」と前置きしながら、全然簡単じゃない話をする人がたまにいますが、そういう人はたぶん向いていません（笑）。

よく知られるたとえ話にも不思議なものが少なくありません。先日、豆乳のパッケージの裏を見たら「大地の牛乳」と書いてありました。牛も大地にいるんじゃないのか、と。牡蠣《かき》が「海のミルク」とたとえられることがありますが、何でも乳製品にしたがる習性が日本人にはあるのでしょうか。高校野球で言うところの、長身ピッチャーをみんな「〇〇のダルビッシュ」にしちゃうのに似ています。

有名どころだと「みちのくのダルビッシュ」こと大谷翔平に、「浪速のダルビッシュ」こと藤浪晋太郎。でもそもそもダルビッシュって大阪府羽曳野《はびきの》市出身だから、立派な「浪速のダルビッシュ」じゃないのか、と。

メジャーのピッチャーにいたっては、平均身長が約188・9センチメートルなので、ほとんどみんな何かのダルビッシュにしないといけなくなります。

ちなみに、グルメリポーターの彦摩呂さんの「味覚の宝石箱やぁー！」はギリ、オッケーですかね。「肉汁のナイアガラやぁー！」もわからないでもない。「本格餃子の民営化やぁー」「野菜たちの6か国協議やぁー」「鶏肉のダーウィンやーん！」とくると、もはや何のことだかわからない。

前に腕時計をデザインしたのですが、定規の目盛りをガラス面に直接印刷することで、

「モノサシで長さを測る感覚で時間を計る」というコンセプトを実現しました。これも、いわば「たとえ話」の1つです。

時間や音、香り、味など、**目に見えない要素を何かに「たとえる」ことで体感しやすくするの**は至難の業。デザイナーの究極のテーマともいえます。早速グルメリポートでも見て、勉強したいと思います。

Akihiro Yoshida

メタファー思考の鍛え方は
ゲーム感覚で

たとえ話《メタファー》がうまい人は、簡単に言うとオヤジギャクがうまい人ということになりますが、抽象的な言い方をすると、何かと何かをつなげる、または共通因子を見つけるのがうまい人、ということになります。

こうした能力は、ダジャレと同じで、つなぐものの関係性が離れれば離れるほど、面白いもの。距離があればあるほどいいと言えます。縁もゆかりもないものをつなげるからこそ、そこに接点を見出すからこそ、ちょっと面白いと相手に伝わるのです。

こうした共通因子を見つける力は、ゲーム感覚で絶対に身につけることができます。

頭の中に引っかかったものをとにかくストックしていきます。自分は頭の中に浮遊させますが、書き留めるのでもかまいません（メモ術は60ページ参照）。そうしたメモをたまに振り返って、シャッフルしたり縦に重ねたり横に並べたりして、いろいろやって関係性を作ろうとしてみるのです。その関係性を探していけば、メタファーは見つかります。

8 どんなハイテクも、アナログとの掛け算で伝わるかが決まる

最近、メディアで「3次元（3D）プリンタ」が紹介されているのを見かけます。樹脂を吐出する、レーザーでアクリルや木材を切り出す、など形式は多々ありますが、要はデジタルデータをさまざまな素材に「印刷」することで、立体の造形物として「プリントアウト」するというもの。モノづくりの現場ではすっかり馴染みの存在ですが、まだまだ一般的には目新しいようです。

ネンド社内でも3台が常時フル稼働、海外出張中はプリントアウトされた模型がホテルに送られてきます。

確認後は守秘義務があるのでその場で破壊し、その翌日にまた次のホテルで新たな模型を受け取る、の繰り返し。まるで出来の悪いスパイ映画です。が、この3Dプリンタによ

って短時間で精度の高いモノづくりが可能となりました。

造形の方式はさまざまで、ナイロンの粉体をレーザーで溶着するものや、液状の樹脂を光で硬化するものなど、プリンタによって精度や速度が異なるため、用途に応じて使い分けるのが正しい活用法のようです。

出力できる材質も多様化していて、柔軟性のあるものや、金属、透明素材、着色など、基本的にどんなものでも可能です。

前に銃を造形できることが社会問題となりましたが、他にも食材を造形（調理？）する人、洋服や靴、建築物まで出力しようとする猛者も海外にはいます。

2008年、元アナウンサーの大橋マキさんが主宰するアロマオイルのブランド「アロマモーラ（aromamora）」のディフューザーをデザインしました。

ディフューザーとは、アロマの香りを拡散するための器具。使わないときはボトルのキャップでありながら、使うときはそこにオイルを垂らすデザインにしました。

ディフューザーは多孔質（小さい穴が多い）であることがポイントで、通常はセラミックス素材を使いますが、「季節ごとに新しい形を作りたい」という要望もあり、超少量生産が可能で多孔質なものが作れる3Dプリンタで製造することにしました。

樹脂などで成型した場合、最低でも同じ形状を千個単位で製造しないといけませんが、そもそも試作を前提にした3Dプリンタを少量生産に使ってみたのです。

家電製品などの試作をプリントアウトする場合、多孔質なことは軽量という以外にあまりメリットがありませんが、それを逆に活用したのです。

ハイテクな手段をハイテクに使うのではなく、アナログなプロダクトの製造にそのまま使ってみるのも面白いのかもしれない、なんて思うのでした。

Masayuki Hayashi

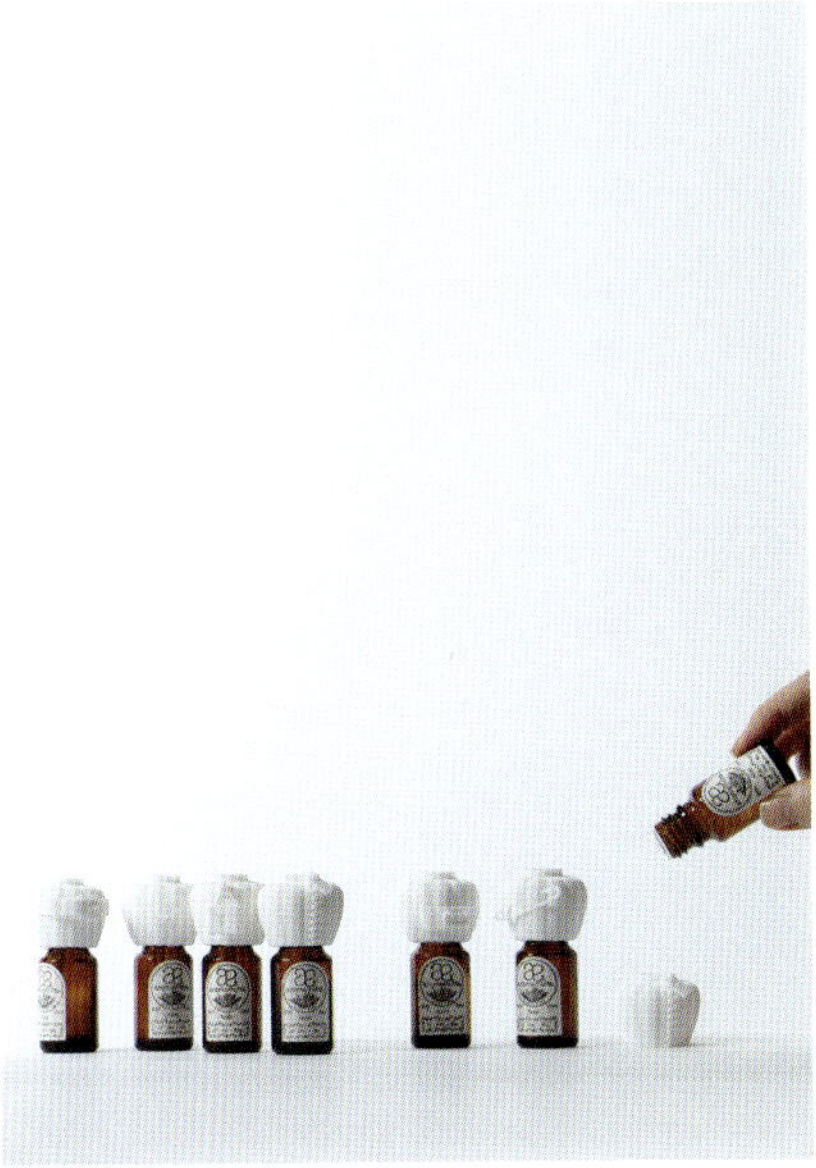

すべてをネガティブと
ポジティブの両方の目線で見る

デメリットに見えるものをポジティブに読みかえる、と言うと難しく感じるかもしれませんが、実は手っ取り早い方法があります。

それは、すべてをポジティブに見ることと、すべてをネガティブに見ること、その両方を別々にやるという方法です。すべてに「いいね」と言った直後に、すべてを否定する、という感じでしょうか。

そうして出てきた視点は、往々にして両極端な選択肢を提供してくれます。その状況やものごとをネガティブに捉えた場合のオンリーワンのアイデアと、ものごとをすごく楽観的にポジティブに捉えたときのナンバーワンのアイデアの2つです。この2つの選択肢が手に入れば、どっちになっても正解な気がします。

9 ブランドとは、信頼。

❶借り物は逆効果と知ろう

デザインをするときには、まずそのデザインの対象となる商品、あるいは企業の「いいところ」を探すことから始まります。

逆に「いいところ」さえ見つかれば、あとはそれをわかりやすくターゲットに伝えるだけなので、半分、勝負がついたようなもの。つまり、最初にして最重要なプロセスなのです。

「いいところ」が何1つないと思える事柄にも、ちゃんと探しさえすれば何かしらあるもの。で、それはたいがい「欠点」の近くに潜んでいるか、欠点自体が「いいところ」だったりする。「短所＝長所」なのです。

プリンタの品質設定のツマミの左端に「速い」、右端に「きれい」と書いてあって、「なんちゅうポジティブな姿勢なんだ」と学生の頃に感心したものですが、逆に言うと左端が「汚い」で、右端が「遅い」とも解釈できるわけですから。**「物は考えよう」**ってことです。

一見すると無敵の超一流ブランドであっても、一歩間違えるとそれ自体が大きなリスクとなり得ます。いつぞや話題になったメニュー表示偽装事件なんかもそれに似た話です。

メニュー表示と異なる食材を使用していたホテルや百貨店が次々と発覚したわけですが、これは一時期問題になった賞味期限切れや違法な成分が含まれた食材に見られる「食の安全性」の話ではなく、むしろ「ブランドリテラシー」の問題です。

ひと口に言うと、「芝エビ」「フレッシュジュース」といったブランドの「名前」をヨソから借りてきて、まるでシールのように貼って商売していたから、剥がれた途端に自身のブランド力すら失墜させたわけです。「うそつきは悪い」という単純な議論はさておき……。

この問題の背景は2つあって、1つは**差別化など図れるはずもない「他人のふんどし（ブランド）で平気で戦っていた」ホテル側のブランディング意識の低さ**。もう1つは、ブランドに飛びついちゃう日本人の「ブランド信仰」が見事に裏目に出た、ということです。

本来は「芝エビ」「フレッシュジュース」といった「いいところ」こそ、あえて語らずに隠しておくのが日本の美学であり、そこから信頼関係を生み出すのが日本的ブランディング手法だったはずなのですが、間違った形でグローバル化しちゃったんでしょうかね。

一度失った信頼は簡単には取り戻せないのは、子どもでもわかること。あり得ないくらいフレッシュなジュースの登場を期待してます。

「社内タブー」や「未開の地」を掘り起こそう

欠点の近く以外にも、いいところが隠れている場所はあります。たとえば、誰も探していなかったところ、言うなれば「未開の地」がそう。会社によって、なぜか未開の地があるんです。指摘すると、「今までまったく気にしたことがなかったですねー」「昔、そんなのあったけどね」「ああ、そこ気にしますか」みたいな感じで誰も気にしていないやつです。日々の業務に追われると、会社の中にそういうエアポケットができたりするようです。

あとは1回失敗したことで、アンタッチャブルになっている「社内タブー」も掘り起こしがいがあります。たとえば、ガムは緑色のパッケージから売り出す、とか。黄色いパッケージを出したら売れなかったから、それ以降、黄色いパッケージは出しませんといった暗黙の了解のようなものがあるんです。言った瞬間に「いやいやいや」「これ、僕からは上司には出せないです」と言われるやつがそうで、ここも掘り起こしていくといいところが出てきます。

10 ブランドとは、信頼。

❷デメリットも正しく伝えてこそ

前項で、ブランドの長所と短所は背中合わせである、という二面性について書きました。高級メニューの表示という「強み」が「欠点」になってしまった偽装事件の文句を言っても仕方ないので、今後防ぐためのスタンスについて少々。

ここ十数年の海外におけるデザインの評価軸は、「最終的なアウトプット」の善し悪しよりも、そこに至るまでの「プロセス」が重要視される傾向にあります。デザインの展覧会などでも、試行錯誤の過程を感じ取ることができる作品を多く見るようになりました。

結果的にモノづくりは「透明性」を帯び、そこに透けて見える作り手の「こだわり」や「想い」がそのものの価値を高めています。アイドルが全国を回ってCDを手売りしたり、舞台袖で過呼吸になって倒れる姿を見せたりすることでファンが感情移入できるのと一緒です。いや、ちょっと違うか。

でも、これはまさに前項のブランディングの話に当てはまります。コミュニケーションをより透明にして、ブランドの長所だけでなく、あえて「短所もアピール」することで、信頼関係をユーザーと築けるんじゃないか、という考え方です。

自分が好きな海外のテレビCMの1つに、自動車の「スマート」があります。

都市空間をキビキビと走り回るコンパクトな2人乗り車であることを訴求するため、あえて四輪駆動のCMに使われるようなぬかるみのオフロードや水の中に果敢に挑戦し、ことごとく失敗する、というもの。ユーモアを交えながら、欠点を見せることで商品特性のアピールに成功しています。

日本企業だと、少しでもネガティブに解釈されそうな表現は敬遠する傾向があるので、まず無理な戦略だと思いますが……。

これは日々のコミュニケーションにおいても言えること。プレゼンでメリットばかり説明するとむしろ警戒されますよね。なので、自分はできるだけそれと同じ分量の**デメリットも正しく伝えること**を心がけています。これが地味に信頼関係を生み出すんです。

ホテルのメニューもまた、レシピをそのままテーブルに置いて、料理ができるまでのプロセスや、いい部分もそうでない部分も含めて全部オープンにしちゃうほうが、よっぽど安心感があるのかもしれません。

結局は、ウマいこと言ってる暇があるくらいなら、黙ってウマいものを食わしてくれ、って話なのでした。

「1％のデメリット」も残さず伝える

デメリットを信頼に変えていく伝え方のコツがあります。

それは、たとえ1％でもデメリットがあれば必ずオープンにするということ。絶対にこうしたほうがいいと思っても、そこに1％でも気になるデメリットがあれば、必ず言うようにしています。責任逃れの保身、ということではなく、そのアイデアの本当の性質を理解してもらうためにそうしているんです。

このことはプレゼンのときにも当てはまります。ほとんどの人は、プレゼンではいいことばかり話すようなトレーニングをしていますが、むしろ何かを隠しているような印象になってしまいかねません。

オープンにすれば、結果的にクライアントから信頼されるようになり、先方も正確な情報で判断できるようになります。スシローさんがネンドを選んでくれたのは、自分だけがネガティブなことを言ったからで、社長から「この人ならフェアな意見を最後までくれるだろう」と評価された……と後から聞いたのでした。

11 言語が持つ表現力がデザインを左右する

「佐藤さんは英語ができるから海外の仕事では便利ですね」と言われることがたまにありますが、実はそんなでもありません。

というのも、海外の日常生活でこそ「英語で考え、英語で話して」いますが、モノづくりの現場においては「いったん日本語に変換して思考し、それをまた英語に再変換してから話して」いるためです。

どういうわけか英語で考えると調子が狂うというか、上手にデザインができなくなるのです。なので、必然的にコミュニケーションが遠回りになります。しかも、イタリアやフランスなどの職人さんは英語ができないことがほとんどなので、通訳を介してさらにもう1段階、変換作業が必要になり、微妙なサジ加減を伝えるのはほぼ不可能になります。

イマドキのモノづくりはパソコンの画面上でデザインして、その3Dデータに修正を加えながらそのまま量産用の金型に使用するため、世界中の誰と仕事をしても同等のクオリティを維持できる状況になりつつありますが、それでもなお「ここでしか作れないもの」が少なからず存在しているのは、このような**「言葉と思考」の密接な関わり**があるからなのかもしれません。

日本語には、同じ「雨」でも、小雨、霧雨、時雨など、何十通りもの呼び方があるし、「かわいい」という言葉も「かわいいおじいちゃん」という使い方はするけど、英語で「cute old man」とは言いませんし。そこに「キモカワ」「エロカワ」「ブサカワ」といったさらなる細分化をしてるわけですからね。

この、日本語のキメの細かさこそが、日本のデザインの繊細さに反映されていると考えます。同じ「光沢仕上げ」でも、「ツルッと」しているのか、「しっとりと」あるいは「ヌメッと」したツヤ感なのか、日本の職人じゃないとこれらの微差をわかってくれません。フランスの職人に「wet! wet!」と連呼しても、それこそドライな目で見られちゃいますからね。

そう考えると、松木安太郎氏のサッカー解説のように「ここドーンと!」「ふわっといったね！」という表現は、ある意味、とても日本的なのかもしれません。

たまに「パク・チソンが4人いる！」「いいですね～審判とのワンツー」とか、五輪代表チームについて「このチームには若い世代がとても多いですからね」といった摩訶不思議なコメントを発していることもありますが……。

「言わなくても伝わる」からこそ たくさん伝える

日本は「言わなくても伝わる」的なところがよさであり、海外だと全部しゃべらなければいけないのがデメリットとしてあります。

しかし、日本語こそいっぱいしゃべったほうがいいと思うんです。阿吽《あうん》の呼吸で作るモノづくりもいいですけれど、きめ細かさなどの日本語のメリット、特性を最大限に活かしたモノづくりをしたほうが、より日本人にしかできないものができるんじゃないか、と。きめ細かい言語だからこそ、たくさん使って発想する。「ざらざら」でも「すべすべ」でもいいし、形容詞でもいい。積極的に使ってやりとりをしたほうが、精度の高いモノづくりができると思います。

海外ならばできるだけ単純な言葉でワン・コンセプトにするとか、スケッチで伝えるとか、そういった部分でがんばるしかないというところがありますが、日本語が優れているがゆえに、日本語をフル活用したほうが、日本のデザイン、日本のモノづくりは魅力的になるんじゃないか、という仮説を持っています。

12 「模型化」で強みも弱みも共有する

少し風変わりな作品集を作りました。

デザイナーの作品集というと、写真集、スケッチ集、図面集などがありますが、これは模型のみを使って過去に手掛けたインテリアデザインを紹介するという、言うなれば「模型集」です。

なんでまた模型なのか？　インテリアのデザインを提案するときは図面や内観パースを使うことが多いのですが、それだけではなかなかクライアントの中でイメージが湧きにくいものです。

図面はあくまでプロ用の資料なのでピンとこないのは当然だし、CGで作られた内観パースはとにかくカッコよすぎるんですね。デザイナーが考えるベストの状態の絵ですから。

完成後に「ん？　思っていたのとチョット違うな」と相手が感じることは少なくありません。だから模型を作ります。

クライアントと一緒に模型を覗き込みながら、「ここが狭いかな」「ここは気持ちよさそうだなあ」などと、デザインのメリットとリスクを共有しながら進めていくことができるのです。

で、本を作るに当たって、昔のクライアントに連絡して模型をお借りしようとしたところ、紛失や破損が多く、結局ほとんどイチから作り直すハメに。普段は工業製品などを撮っていただいている岩崎寛さんに撮影してもらい、グラフィックデザイナーの色部義昭さんに装丁を手掛けていただきました。

作品集というより、まるで植物か昆虫の標本集のように、専門的なことがわからなくてもボンヤリと眺めているだけで想像力を掻き立てられる不思議な本です。

そう考えると、空間のデザインに限らず**さまざまなものごとを「模型化」、つまり立体的に視覚化してみる**のは面白いかもしれません。

経営理念のような漠然としたものでもいいし、文字通りビジネスモデルをモデル化することも可能そうです。「会社のカラー」なんていわれることがありますが、実際はどんな色

Naoyoshi Goto

なのか？　どんな形状で、表面はツルツルしているのか、ザラザラしているのか？

統計的な資料でもいいですね。いつまでたってもエクセルで作られた棒グラフや円グラフっていうのもどうでしょう。**みんなで囲んで、手に持って触れてみることで、イメージを共有したり、新たなイメージを誘発したりすることができるのかもしれません。**

デザイナーはあらゆるものごとを視覚化するプロですから、その能力を活用する方法はまだまだありそうです。

視覚化は「ありもの」のイメージでかまわない

絵や立体物にしてビジュアライズすることで、課題を浮き彫りにしてみんなで共有するという話でしたが、これには絵心はいりません。

絵を描こうとすると、どうしても力が入って難しくなってしまいます。とくに最初は何から描き出せばいいかわからなくなるので。そんなときは、ネット上にあるいろいろな画像からイメージに合うものをクリッピングしていくと手っ取り早いです。この絵の中のこの辺のイメージとか、この色の感じとか。簡単に編集してもいいと思います。ただし、正式な資料として使用すると著作権侵害のおそれがありますので、あくまで共有の手段としてですが。

「ありもの」を使えば、自分で作り出す必要はありません。そこで悩むより、できるだけ絵で共有していくという意識を持ってどんどんビジュアル化することをオススメします。

13

デザインの力は「発信力」で決まる

2020年のオリンピック・パラリンピックの開催地が東京に決まったことを知ったのは、パリのシャルル・ド・ゴール空港内の手荷物受け取り場で、口をポカンと開けてスーツケースを待っていたときでした。

オリンピックは、何もスポーツ選手だけのためのものではありません。我々デザイナーにとってもとても重要な出来事です。

開催国の歴史と文化を、最新の技術を駆使して世界に発信する場ですから、その手段として「デザイン」が活用されるのは当然の話。伝わらないメッセージは「独り言」みたいなもんです。3000億円以上を費やして壮大な「独り言」をかましたた日には、たまったものじゃありません。

そうした意味で、開催国にとっては自国の「デザイン力」を世界に見せつける格好の舞台。各種競技場の設計は建築家たちの主戦場となり、ロゴやサイン計画、マスコットなどはグラフィックデザイナーやイラストレーターの腕の見せ所です。

そして、プロダクトデザイナーには「三種の神器」(と勝手に自分で名づけたもの)があります。「聖火」「聖火台」「メダル」。どれも機能があるようで、大してない。でも、すごく目立つ。いわば**「メッセージを発信すること」**自体が機能みたいなもので、平たく言うと「ガチンコでデザイン勝負」なアイテムです。

開催地決定以降、海外のどの打ち合わせ先に行っても「そろそろトーチの依頼は来たか」「メダルのアイデアはまだか」といった冷やかしに遭います。

その都度「日本はそんな国じゃない」と、ここでは詳細が書けないような国内デザイン界の複雑な事情を説明するハメに。いっそのことイスタンブールあたりに決まってくれたほうがデザインするチャンスがあったんとちゃうか、などと考え出す始末。たぶん、疲れすぎです。

そんな自分が過去に手掛けた唯一のトロフィーは、英国のライフスタイル雑誌「Wallpaper*」が主催するデザインアワードのためのものでした。

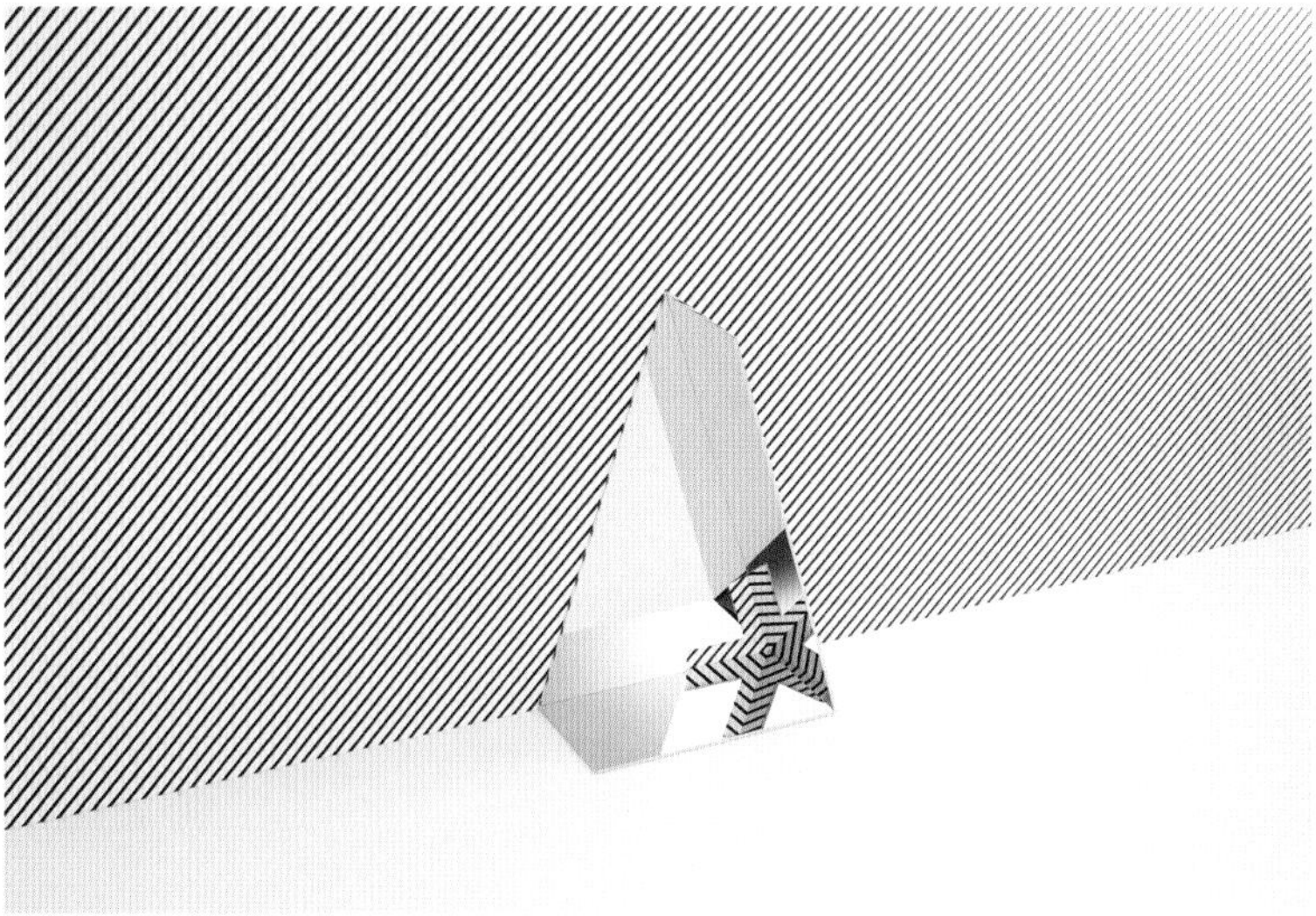
Hiroshi Iwasaki

雑誌の目印である「＊」をただ印刷するだけじゃツマラナイと、その一部を「穴」にして、万華鏡のように鏡に映り込むことで「＊」を表現しました。トロフィーを置く場所によって、背後に置かれたモノや風景が「＊」の中に反映されます。

何はともあれ、東京五輪は5年後。スポーツ選手と同様、メダル（の仕事）を取るための熾烈なレースはもう始まっています。

「職人気質」と「ユーザー目線」を両立させる

むしろ仕事ができる人のほうが、「独り言」を発しがち。意外かもしれませんが、そんなふうに感じています。マジメであって、勤勉であって、集中力もあって、自分が取り組んでいることに対する愛情も深くて情熱もあって……。実はこれ、モノづくりに必要な適性だったりします。いわゆる「職人気質」というヤツです。

もちろん、自らの世界を掘り下げていくことができなければモノづくりはできませんが、掘り下げるほどに周囲は見えなくなっていきます。エンドユーザーが何を求めているかとか、どう感じるかとかいった視点が抜け落ちてしまい、誰かのために伝えるのではなく、自分のために言っているようなニュアンスが生まれてくる。こうなると、メッセージは独り言、もっと言えば「ボヤキ」に近いものになります。

そうならないためには、「ワガママなお客さん」の視点に立ってみること。自分のガンコさをユーザーとしての自分に転嫁できれば、ユーザーが本当は何を求めているのか、意識できるようになります。

第5章

デザイン目線で考えると、見えない「価値」が見えてくる

――オオキ流「デザイン」講座

1 デザインとは、あくまで「伝える」ための手段

選挙が終わるたび、その結果以上に気になるものがあります。選挙にまつわるデザインです。

政党のロゴやポスター、タスキ掛けをしての街頭演説、白いハイエースに機材を載せた選挙カー……。選挙そのものの公示方法や投票所、掲示板や政見放送もまた、表現としてはいかがなものでしょうか。

自分の中で引っかかっているのは、デザインの善し悪しというよりも、デザインへの意識そのものが感じられないこと。何も考えずに「今までもそうだったから」程度の理由で同じことをやりつづけているとしたら愚かな話です。

デザインとは、単に何かをカッコよくすることが目的ではありません。人に対して何か

を「伝える」ための手段です。難しいことをわかりやすく。論理的なことを直感的に。見えないものを見えるように。それがデザインの本質です。

そして、状況に応じてその手段を細かく更新しつづけないと、すぐに人に伝わらなくなります。昨日通じた手法が今日はまったく使えなくなる厳しい世界です。

選挙のコミュニケーションは左脳的になりがちで、論理によって人に「理解」させようとしているんです。なので、受け手は右脳で感じることなく「実感が湧かない」状態。そりゃあ投票率も下がりますよね。

別にとんがったポスターを作りましょうって話じゃないんです。「日本の危機」を訴求している政党のポスターが「美しい富士山の写真」を大きくあしらっているけど、これでは右脳が危機感をまったく感じません。

他にも、情熱や行動力を全面にアピールしている陣営が、テーマカラーとして「ライトブルー」を積極的に使っていましたが、これは心理的に清涼感や鎮静作用を与える色で、完全なる選択ミスです。

逆に「安定は、希望です。」という文字を大きくレイアウトしておきながら、「どピンク」を背景色にしているポスターもデザインとしては間違いです。人が安定を感じるのは「緑」

とされていて（観葉植物に心理的なストレスを軽減する効果があることとも関係しているようです）、信頼感や王道感を表すには「紺色」など深い青系色も効果的です。

政策はもちろん大切ですが、「受け手がどう感じるか？」という意識をほんのわずか持つだけでも、この国の未来が少しだけ明るくなるのかもしれない、なんて思うのでした。

整理、伝達、ひらめき。デザイン思考を構成する3つのカギ

デザイナーに求められる価値は3つに集約されると思うんです。

1つ目は、ものごとを整理すること。言い換えると、シンプルにすることです。これだけでも会社や商品開発にとっては大きい価値を生み出します。

2つ目は、人に伝える、伝わるコミュニケーション。同じものであっても、しゃべり方によってわかりやすくなったり、つまらなくなったりします。直感的に伝わる伝え方でわかりやすく伝える。親近感のある表現と言い換えられるかもしれません。

そして3つ目が、ブレークスルー、ひらめきです。ひらめきとは、飛躍させること。ものごとを何段跳びにも飛躍させてしまうような要素になります。

自分はこの3つのバランスを、クライアントや状況に応じて使い分けていきます。

実は、「整理」と「伝達」に関しては、デザイナーじゃなくても身

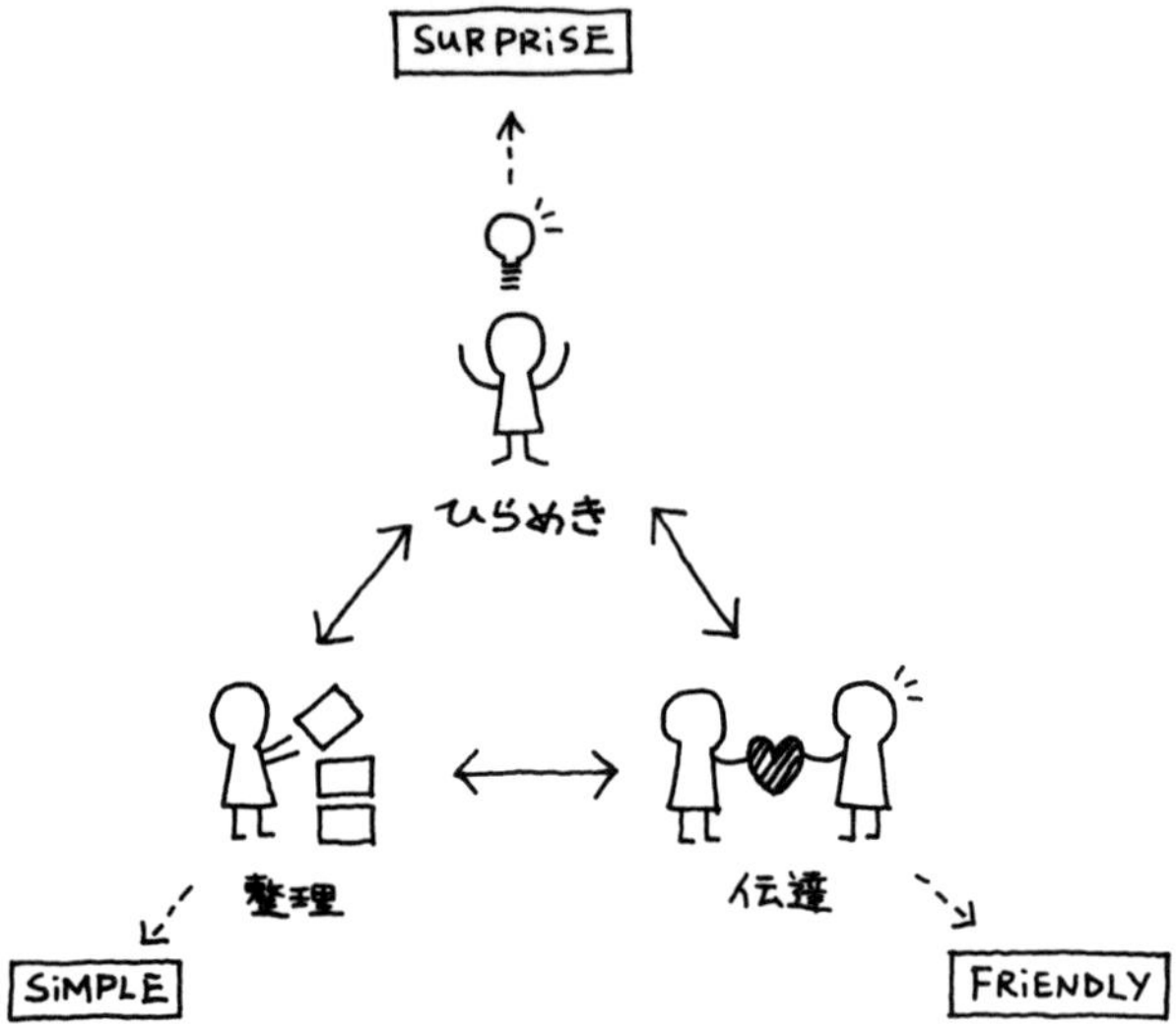

につきます。整理するだけでも、これまで見えなかったものがよく見えるようになりますし、伝え方の工夫で目に見えない思いやメッセージを込めることができるようになります。

デザインが持つ3つの役割を意識して課題に臨むだけで、今までとは違う解決策が見えてくるはずです。

2 デザインが解決できることは広がっている

「かっこいいバクテリア」をデザインしようとしている連中が世界にはいます。といきなり言われても何のことだかサッパリなので、そこに至るまでの簡単な流れを説明します。

デザイン領域の急速な広がりを感じはじめたのは、7〜8年くらい前でしょうか。米国で開催された「残りの90%のためのデザイン」展。**発展途上国など世界の90%の人たちはデザインに縁がなく、彼らの生活を改善するようなデザインを**、というものです。

真水を飲めるストロー型の濾過器《ろか》や、子どもでも転がして移動ができる車輪型のポリタンク、簡単にコンドームを装着できる器具、水圧でレンズを膨らまして度を変えられる眼鏡など、発展途上国が抱える問題をデザインで解決すると大きな話題を呼びました。

このあたりまではよかったのですが、次第に妙なデザインが増えてきます。人の涙や鼻の中、ヘソなどから採取したバクテリアを使ってチーズを作る、とか。人工胎盤を使って人間の母胎から食用イルカを出産し、人口増加と食料不足を同時に解消する、とか。動物の細胞を使って人の臓器をデザインするのも、もはや当たり前です。

まるで工業製品のように人工的に動植物をデザインし、生産し、自然界に解き放つことも。なかには「アルカリ性の跡を残すナメクジが酸化した土壌を中性化する」「粘着性のある突起物を持つ昆虫に絶滅危惧種の種を拡散させる」「植物の葉の裏に寄生するバイオフィルムによって悪性ウイルスや汚染物質を吸着する」といったことを考える輩《やから》まで出てきました。しかも、時限爆弾のように一定期間で絶命する遺伝情報を体内に組み込み、デザインした生物が大量発生するのを防ぐという「オマケつき」です。

で、ここでようやく冒頭の話に戻るわけですが、特定の病原体に反応すると鮮やかに発色するバクテリアをデザインすることで、体の状態を大便の色によって識別する、というアイデアが発表されました。

少々やりすぎ感は否めないけど、スーパーで売っている野菜しかり、そこらを散歩している犬しかり、いずれも品種改良を重ねた、つまり人の都合によって「デザイン」されたものだと考えると、実はそこまでオカしい話ではないのかもしれません。
そんなデザインの未来を考えながら、自分の大便の色を観察するのでした……。

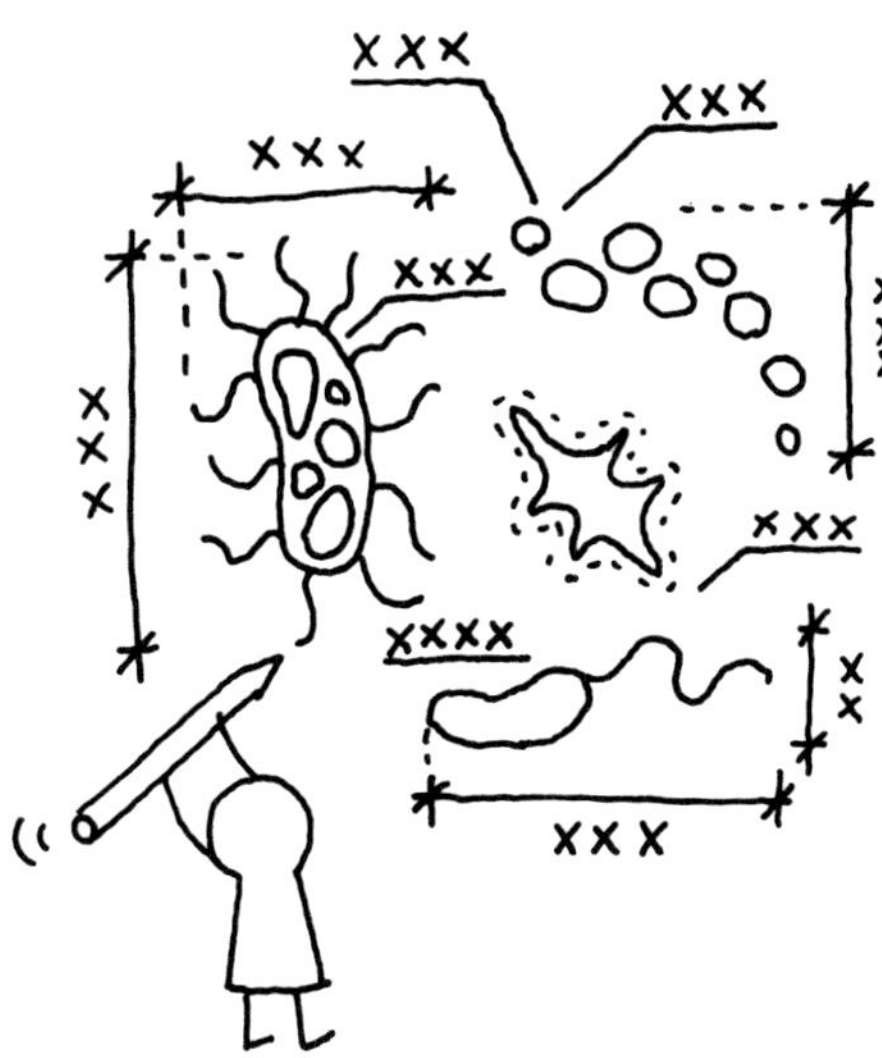

デザイン＝現状を改善する糸口を見つけること

デザインというと、敷居が高いように思われがちですが、そんなに特別なことではありません。

何か現状を改善する。何かしら状況をよくする糸口を見つけるというのがデザインだと思うんです。197ページの3つの役割で言うと、整理するのもひらめくのもどちらも問題解決の方法だと言えます。

ごみを捨てるにしても、より効率よくできる方法を工夫するだけでも立派なデザインです。スシローさんが持っているオペレーション能力を活かしてまったく別の業態に展開するというのもデザインです。別にインテリアをやったりロゴを作ったりしなくても価値を生み出せる。そのために新たな視点を持ち込むことが、「デザイン的な考え方」なのです。

新たな視点で問題を解決する際に、形を伴うことが多いから、デザイナーと呼ばれているだけ。形を作ったほうが伝わるから結果的にやっている、そんな感覚です。

3 センスとは、「目に見えないもの」に価値を見出せるかどうか

日本と海外の両方で仕事をしていると、国によって考え方やデザイナーの業務範囲が微妙に異なるので、その都度スタンスを変える必要があります。変化してよい部分と、決して曲げてはいけない部分とのバランスに毎回苦戦しています。

それって日本のプロ野球と米メジャーリーグの違いにも似た話かも。滑るボールやマウンドの硬さ、短い登板間隔など、ずいぶんと勝手が違うみたいですよね。昔、巨人でパッとしなかった柏田貴史投手や岡島秀樹投手がメジャーでは活躍したことを考えると、時には実力以上に適応力って重要だな、という気がするわけで、完全に「デザイン界の柏田」としての地位固めに入る自分に気づくわけです。

適応するためには、何よりもその違いを把握する必要がありますが、自分の場合、まず

はその国の**「感度」**を理解しようとします。

感度の高い国には、真剣にデザインを経営戦略と捉えているクライアントが多数います。フランス、イタリア、北欧などは「超・デザイン先進国」で、逆にアジアやロシア、東欧、中南米は発展途上と呼べます。

米国や日本はその中間に位置していますが、日本は今後「感度の高度成長期」に突入する可能性は十分あるとみています。

「そもそも感度って何なのさ」って話ですが、たぶん、**「目に見えないものに価値を見出せるかどうか」**。要するに**「センス」**みたいな意味です。

カタチではなく、その背後にあるアイデアや歴史。その集積が生み出す「ブランド」という、これまたカタチのない価値。それが長期的に企業に利益をもたらすという意識がマスにまで浸透している状況は、「感度が高い」といえます。日本発の高級ブランドが存在しないのも、その価値を「感度の高い国」に対して正しく訴求できていないから、という単純な話です。

そんな高級ブランドと仕事をする機会が増えています。以前発表されたルイ・ヴィトン初の家具コレクションの1つとして、照明器具を手掛けました。「旅行」というルイ・ヴィ

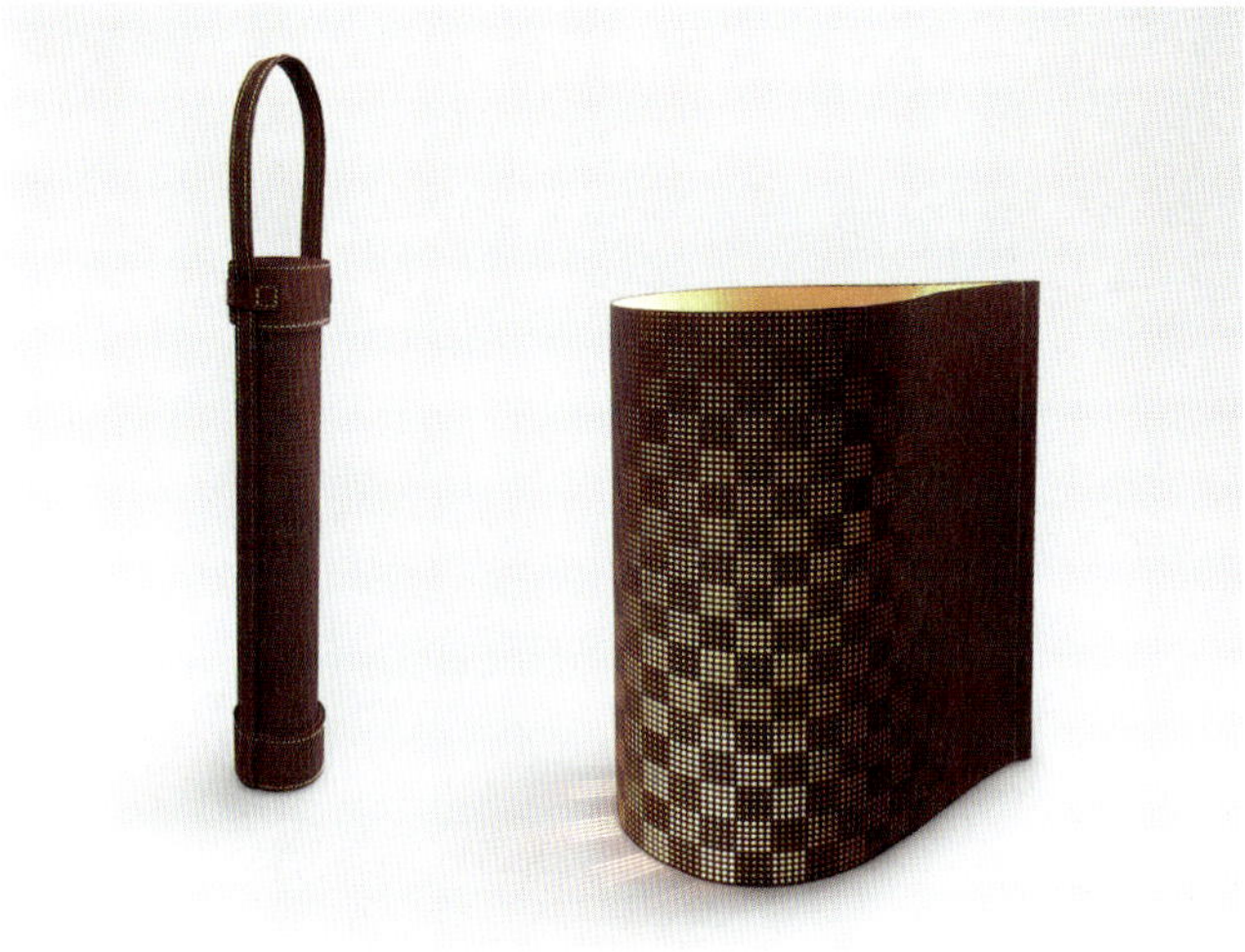

Louis Vuitton

トンのブランドストーリーから着想したもので、1枚の革を丸めて持ち運び、それを広げて自立させることでランプとなり、ダミエ柄の光が漏れる、というデザイン。

それを使っているだけで、急に自分の「感度が高くなった」ような気にさせちゃうブランドの力って、やはり恐ろしい……。

曲げてはいけないことを
絞り込んで「突破口」にする

曲げてはいけないものというのを1つに絞ること。それ以外は全部曲げてよしとすること。こうして突破口を見出すというのが、自分のやり方の1つといえます。

その1つに絞られた要素は、すごくシンプルでみんなが共有できるものでなければなりません。つまりプロジェクトの「背骨」のようなものを作るイメージです。海外プロジェクトの場合はとくにそうします。国内に比べてコミュニケーションの頻度ややりとりの密度が全然違うので、そうしないと共有できません。

「ここだけは守りたい」ということをワンワード、ワンメッセージで伝えつづけます。それによって、向こうにもどこが大事なのか、どこまでをこちらは任されているのかというのを認識してもらえるので、コンセプトの明快さを損なうことなく、スムーズにプロジェクトを着地させることができます。

4
「美味しいデザイン」と「まずいデザイン」の見分け方

たまにテレビをつけると、便秘解消系のお茶やサプリメントのCMが多いことに驚きます。おじさん、おばさんが笑顔で「ドッサリ出ました」って、そんな報告聞きたくないですよ、ほんとに。「かに玉」のCMがその直後に流れても、さすがに食欲をそそりません。

ところで、デザインにも「美味しそうな形」と「まずそうな形」があると思います。私たちは果物や野菜を選ぶとき、無意識に形や肌合い、傷み具合などからその味をある程度予測しています。これを応用すれば、工業製品のデザインについても、素材や色や膨らみのある形状など、**「鮮度」の高さをユーザーにアピールすることで、生き生きとしたものが生まれるんじゃないか**、と思うわけです。

2010年、「スリー（THREE）」という化粧品ブランドの立ち上げ時にパッケージ

Masayuki Hayashi

をデザインしたことがあります。化粧水や乳液などのスキンケアアイテムから、リップやファンデーション、アイシャドーといったメークアイテムまで、かなりの数を手掛けたのですが、これらの多種多様なものを棚に並べたときに、ピシッと揃うような寸法にすることで、「凛とした」佇まいを持たせようと考えました。

というところまではよかったのですが、出来上がった試作品を見たら、どこか「まずそう」な印象に……。

そこで角にわずかな丸みを帯びさせたり、しっとりとした触感のあるラバー塗装を施したり、平らな面を微妙に膨らませたりしてみました。すると、「きれい」「カッコイイ」といった声だけでなく、ユーザーから「手に馴染む」「持ち心地がよい」といった評価もいただけました。

自然界には「平滑な面」はほとんど存在しないので、人間本来の知覚能力を混乱させ、不安な気持ちにさせるのかもしれません。いわば、キューブリックのSF映画「2001年宇宙の旅」のモノリス（人工物の黒い石柱）登場でテンパったサルみたいなもんです。

さらに言うと、人間の目には平らな面が多少「凹んで」見えるらしく、凹んでいるものは「傷んでいる」と感じるので、そもそも「まずそうな形」だったのでは、と思ったのです。

考えれば考えるほど、こういった「美味しい」デザインの可能性はまだまだ広がりそうです。近々、かに玉が抜群に美味しく見えるような便秘解消薬のCMのデザインを考えてみようと思います。……もちろん、うそです。

本能レベルにまで訴えて普遍的なアイデアを

本能レベルまで意識したモノづくり。163ページで、人が理解できる領域には4つの階層があると説明しましたが、「美味しそう／まずそう」という話は、その真ん中の最も根源的なレベルといえます。

このレベルに訴えかけるには、五感のすべてに働きかける必要があります。形状、見た目、肌触りなどを複合して1つの情報を作り上げます。

ここで紹介した「THREE」という化粧品を作ったときも、わざと重くする案を考えたこともありました。果物でも中身がすかすかしていると大丈夫かなと感じますが、持ったときにずっしりしていると「これは美味しそうだ」と安心を感じます。

実際に商品開発のフェーズに入ると、どうしても「スケジュールが」とか「予算が」とか「競合が」とか「営業が」とか言いだして、いっぱいいっぱいになりがちです。すると、今世の中にあるものとの相対関係でしか、ものごとが判断できなくなってきます。

でも、「これは1000年後の人が発掘して見つけたときに、使い方がわかるかな」という本能レベルにまで立ち返って一瞬でも考えると、ひょっとしたら大ヒット商品になるんじゃないのかなというつも思っています。

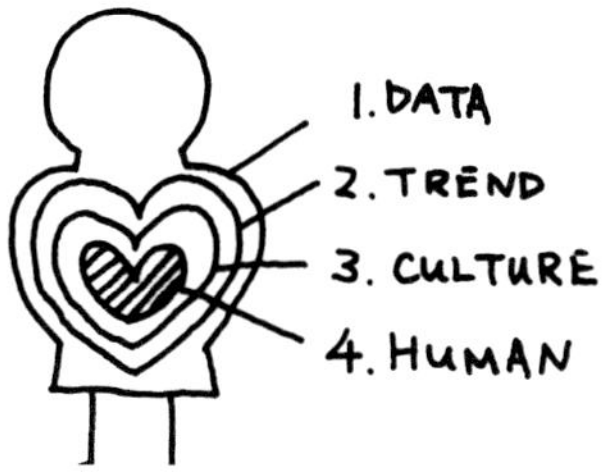

5 デザインの「領域」は常に変化している

どういうわけか、高級ファッションブランドが積極的に家具やインテリア雑貨を販売しはじめています。

毎シーズン買い替え需要があって利益率も高いファッションと比べると、家具はまったくといっていいほど旨みがないので不思議に映りますが、どうやらそう単純な話ではなさそうです。

いち早く発表したのがアルマーニ。ブルガリのように自前で商品を手掛けずに、超一流家具ブランドや水回り用品メーカーをサクサクッと買収したのです（その後、次々と売却してしまいましたが……）。

さらにはフェンディ、カルバン・クライン、ラルフローレン、ディーゼル、ボッテガ・

ヴェネタなどが続々参戦し、エルメス、ルイ・ヴィトンが家具コレクションをお披露目しました。

この流れは自分の活動とも無縁ではなく、デザインの依頼をはじめ、エルメスは家具コレクション以外にも若手向けの家具デザインコンクールを開催しており、自分も審査員の1人として駆り出されています。

丸2日間、パリ市内の会議室に缶詰め状態。この苦痛から逃避すべく、休憩時間を使ってこの原稿を書いているわけです。

話を戻すと、どうやらこの流れは本業のファッションの売り上げの大半を占める中東やアジアがキッカケのようです。建築ラッシュがひと段落し、いざ使おうとしたら家具がない、と。

で、富裕層にとっては、イスや照明器具などを1点1点探してきてコーディネートするのはどうにも面倒くさい。そもそも家具のブランドなんてよく知らないし。

そこで、前述の著名ファッションブランドのショールームでガサッと部屋ごと「大人買い」したい、というわけです。

その究極の例が、2013年12月にマイアミで開催されたアートフェアでヴィトンが再

Hiroshi Iwasaki

現した建築界の巨匠である故シャルロット・ペリアンの未完の住宅。いよいよ「ヴィトンの住宅を丸ごとお買い上げ」時代の到来です。

そういえば、2014年はイタリアのブランド「トッズ」のためにシューズをデザインさせていただきました。

フォーマルな紳士用の革靴と登山靴を融合した、都会をアグレッシブに歩き回るための靴。ファッションブランドが家具を手掛け、工業デザイナーの自分がファッションを手掛ける。**デザインの可能性の広がり**を感じつつ、ボチボチ審査会に戻ることにします……。

デザイン思考は誰でも身につけられる

デザインを本職としないビジネスパーソンにも、デザイン的な考え方は必要です。既存の状況整理やいろいろな局面での問題発見、解決に役に立ちます。

197ページで紹介した3つの役割のうち、「整理」と「伝達」については、誰もが確実に身につけることができると思っています。デザイン思考を身につけた効果は、普段やっていることでも、よりその精度が上がったり、課題が「見える化」したりといった形で表れます。

とくに数字や統計的な資料など、みんなで認識していることをより直感的に認識できるようになるというのは、最大のメリットではないでしょうか。直感的なこと、場合によっては好きとか嫌いとかそういうことも1つの要素として受け止めて無視しないこと。それができれば、経営判断もよりスムーズにできるようになります。

棒グラフや円グラフも今みたいな平面的なものではなくて、立体的にしたり動画にしたり質感をいじったりといったことが簡単にできるツールが開発されてもいいのにな、とよく妄想しています。

?! = ? + !
IDEA
OK
1、認識
2、理解

6 「仕事を楽しむ」をデザインする

最近、「仕事を楽しむ」という言葉について考えることがあります。

人気就職先ランキングを見ると、意外とクリエイティブ関連は人気のようです。その理由は「好きなことを仕事にできている」ということみたいですが、たしかにデザイナーをはたから見ると「やりたいことをやっている」感がハンパない。

でも、趣味として何かを作る「楽しさ」と、それを本職にしたときの「楽しさ」は本質的に異なります。

前者は「作りたいもの」を作り、後者は「作るべきと自分が信じるもの」を作らないといけませんから。**自分の欲求が満たされることによって得られる「楽しさ」を仕事に期待することはできません。**

ＡＫＢ48が「本当に自分が歌いたい曲」や「普段自分が聴きたい曲」を歌っているとは到底思えません。ＡＫＢも歌いたい曲はお金を払ってカラオケで歌うそうです。

だから、ヤクルトの宮本慎也選手の「野球を楽しむなんてできない」「仕事として19年間向き合ってきたことが誇り」という引退会見での言葉には納得です。

逆に、スポーツ選手の「この舞台を楽しみたい」「メダルには届きませんでしたが、試合を楽しむことができました」的な発言には違和感を覚えます。

これはどちらかというと自己暗示的な要素が大きく、文字通り「楽しむ」わけではなく「自然体によって能力を発揮する」ことを意味しているんでしょうね。本来はコーチが選手にかけるような言葉であって、公衆の面前で発言するものではないんでしょうけど……。

結論を言うと、仕事はつらいもの。その成功によって「楽しみ」を得られるとは限らず、努力した「プロセス」を後から振り返って初めて感じることができるものなのかもしれません。

それを感じるのが1日の終わりなのか、1年越しのプロジェクトが終了したときなのかはわかりませんが、必ずどこかに存在します。

宮本選手の言葉には続きがあります。「引退会見後、（中略）大きな声援、拍手をいただき、苦しかっただけのはずのグラウンドで私は幸せ者だったんだと感じました。皆様のおかげでグラウンドでプレーすることを初めて楽しく感じることができました」。

自分の仕事を「楽しい」と感じられていない人は、きっと「仕事の楽しさ」の意味をはき違えているか、必要最低限の「がんばり」が足りない、あるいはまだ楽しさの存在に気づいていないだけなのかもしれません。

正解は一番めんどくさい選択肢の中に

逆風は常にウエルカム。自分はそう思っています。壁に直面したときというのは、いくつかの選択肢で迷っていることを意味します。そして、どっちの道に行くかで迷ったら、いくつかある中で必ず一番めんどくさいものを選べばいいんです。そういうものを基準に判断していけば、仕事は楽しくなります。

しかも、なんだかんだ言ってその選択肢が近道だったりもします。だから、自ら一番逆風の強いルートを選んでいけば、そこには大幅なゲインが狙える可能性があるということになります。

さらに言えば、そのめんどくさいルートに飛び込む、すなわちリスクを取る覚悟を決めている時点で、周囲より情熱がある場合が多く、周りを巻き込めてしまうんです。

めんどくさい選択肢があったらそれはチャンス。一気に正解に近づくどころか、プロジェクトも進み、さらには仕事も楽しくなって、しかも成長もできるのだから。

7 デザインが優れているからいい、とは限らない

ミラノに来ています。パッとしない居酒屋みたいな店で美味しくもまずくもないパスタを食べています。

デザインの祭典「ミラノサローネ」が近づくと、各メーカーやメディア関係者の尻に火がつきます。毎年毎年、新しい家具を何千、何万点と発表して騒ぐのも不思議な状況ですが、これだけ家具デザインが欧州で栄えたのは、客人を自宅でもてなす文化に起因します。自宅のバーカウンターで食前酒を飲みながら談笑し、中庭に面したダイニングで食事をした後はゆったりとしたソファでデザートを楽しむ。これが日常なので、自宅の家具には当然こだわるし、頻繁に買い替えます。そりゃ家具屋も家具デザイナーも儲かりますわな。

その分、レストランやバーなどの飲食店デザインは一向に進化せずにいました。昔なが

らの風情を感じる味わい深いインテリアは一部存在しますが、デザイン的な視点から見るとパッとしないものがほとんどです。

この逆が日本です。自宅に招かない分、飲食店のデザインやサービスは世界でもトップクラスでしょう。

一方、ファッション関連の内装デザインに関しては、欧州ではラグジュアリーブランドが多額の投資をするため、必然的に業界全体のレベルが引き上げられます。残念ながらラグジュアリーブランドが不在のわが国においては、優れたデザインを輸入せざるを得ません。

数年前にミラノの「ラ・リナシェンテ」という老舗百貨店の婦人服売り場（写真）をデザインした際、ノウハウの多さに驚かされました。試着中の女性が美しく見えるよう照明を工夫したり、客が飽きないよう通路の突き当たりに賑わい感を持たせたり、白いシャツがキレイに見えるかを基準に家具をデザインしたり。

逆に、パリ市内の小さなケーキ屋のデザインを手掛けているときは、日本の細やかな設計に慣れていないせいか、やたらとクライアントに感心されてこちらが戸惑いました。

２０１４年のミラノサローネは、十数社の家具メーカーからの新作発表に加え、ファッ

Daici Ano

ションブランドのウインドーや期間限定店のデザイン依頼が5〜6件あるため、まったく気が抜けませんでした。

そんなときにはこのパッとしない居酒屋のパスタが意外と気持ちを落ち着かせてくれたから不思議です。**デザインが優れているからいい、とも限らないからデザインって面白い。**

「らしさ」「アイデンティティ」を形にする

海外ブランドは、アイデンティティの意識を強く持っています。そしてトップから現場まで、みんながそれを高いレベルで共有しています。

ですので、それをどう新しく解釈し、膨らませられるかが、自分には求められます。たとえばルイ・ヴィトンに呼ばれたときは、「ネンドから見たヴィトンらしさ」を求められます。つまり、ヴィトンらしさは捨てては困るが、今までのヴィトンらしさのままではブランドは劣化する一方なので、新しい視点を見つけてほしいというオーダーです。

日本ではそれなりに売れそうなアイデアであれば、とりあえずやってみようとなりがちですが、海外だとどんなにいいアイデアで、どんなに売れそうなものであっても、「うちらしくないからゴメン」というのが意外と多いんです。

逆に言うと、自分たちらしさが存分に込められていたら、今すぐは売れそうになくても、長期的なメリットがあると判断してプロジェクトがスタートすることがあるのです。

8
「覚悟」のないデザインは簡単に見抜かれる

2014年3月末に放映されたテレビ番組、「ガイアの夜明け」の撮影時のこと。若い世代によって日本の伝統工芸が活性化されていく様子を追う、という内容で、自分は有田焼の源右衛門窯や鯖江の眼鏡職人とのやりとりと、この年の4月にオープンした西武百貨店内のショップが作られていく様子などが紹介されました。

伝統工芸の職人さんとのモノづくりは、通常の倍くらい神経を使います。「柔術」や「合気道」のようなもので、相手の力を最大限に引き出そうと神経を張り巡らしている状態が延々と続く感じでしょうか。

そして何より、自分の中に確固たる自信、**デザイナーとしての「覚悟」がないと、本当の意味でのコラボレーションは生まれません。**

自分は伝統工芸の「延命治療」には興味がありません。無理にデザインによって短期的に活性化するのではなく、懐古主義的に振り返るでもなく、自らの意志で現代社会における需要を見出していく手助けをするのが正しいデザイナーのスタンスだと思うわけです。

そのためには「覚悟」が案外重要なんです。中途半端に仕事をしていると、すぐに職人さんにバレますから。

自分の場合、大学よりも、大学に隣接している戸山公園で経験したことが、今のデザイナーとしての「覚悟」につながっています。

戸山公園にはブルーシートでできた小屋が並び、ホームレスの人たちが生活しています。最初は変な目で見ていたのですが、気づけば放課後に彼らの飲み会に参加させてもらえるようになってまして。

話を聞けば、「糖尿病になった」「オレは最近、痛風になった」などと話している。日本のホームレスはカロリー過多なのか、と。

小屋の中では自家発電機でテレビのナイター中継を見ながらキンキンに冷えたビールを飲み、室内犬まで飼っているわけです。20歳そこそこにして「これがホームレスの生活だとしたら、もはや怖いものはない」と腹を括りました。以来、常に玉砕覚悟でデザインに

Akihiro Yoshida

取り組むようになりました。

ちなみに鯖江の職人さんと作った眼鏡は、ヒンジ部分に磁石を使うことで、ヒンジが壊れにくく、手軽にテンプルを取り換えられる、というもの。

最初は相当困惑されましたが、何とか形になりました。ホームレス仕込みの〝決死のデザイン〟、ぜひご覧ください（笑）。

120%のボールを投げて チームに一体感を作る

クライアントのポテンシャルを最大限に引き出してもらうために、自分はいつも「120%の力を出さないと届かないボール」を投げるようにしています。このボールを受け取ってもらえたら、自然と自らの限界を超えることができる、というイメージです。

これは何も無理をさせる、という話ではなく、精一杯背伸びをしたら手が届くというところにボールを投げることが、職人さんだったりメーカーだったり商品開発の人に対する最大のリスペクトなんです。「うちの会社はここまでできると思ってくれているんだ」というような期待値や思いが伝わるから、背伸びをしてもらえる。

このような、今までやったことがないけれども、がんばればできるかもしれないというボーダーラインすれすれのパスは結果的に、チームに一体感をもたらします。成功すれば、本当に会社が変わります。「あれができるのなら、うちはまだまだいろんなことができるかも」という自信と自発的な動きが生まれるのです。

9
デザインとコストと世界経済の悲しい関係

2013年4月。自分は、イタリアで行われたデザインの祭典「ミラノサローネ」にいました。

6日間にわたって開催されるこの一大イベントは、世界中のデザイナー、メディア、メーカーが一堂に会してその年のトレンドを占う、というもの。当初は家具の見本市としてスタートしたのですが、徐々にその規模が拡大し、今では「デザインのオリンピック」とも呼べる存在です。

ところが当時は欧州危機の影響が表面化した様子で、来場者は例年よりもずいぶん減り、全体的に元気のない印象に。新作発表数も少なく、その中でも**初期コストのかかる樹脂成形品は影を潜め**、木やファブリックを用いたアイテムが多く見られました。

妙に張り切っているのは危機の影響が比較的少ないファッション系ブランドや北欧系の家具・雑貨ブランド。この他、ＢＭＷやトヨタ、ヒュンダイなどの自動車メーカーが潤沢な資金力にモノをいわせて何かをやっているくらい。サローネに夢を見てキャリアをスタートさせた自分としては、寂しさを感じずにはいられない内容でした。

かくいう自分自身は、欧州家具メーカー20社から50点以上の新作を発表してきました。イタリアの家具ブランド、モローゾから発表した「ヒール（ｈｅｅｌ）」という名のチェアもその１つです。

文字通り、女性靴のヒールのように後ろ脚がキュッと持ち上がったデザインによって、積み重ねて収納ができるというコンセプトで、評判は上々でしたが、もちろん、これも木でできています……はい。

Hiroshi Iwasaki

コストよりも大事な「今あるリソース」をどう活用するか

「今は景気が悪いから、どんどん需要が減りそうだ」

同業のデザイナーの多くがそう言っていますが、それにはすごく違和感があります。

たしかに、一般的な印象としては、商品開発やＰＲ、広告宣伝の予算にゆとりのある好景気の状況において、デザインが活用されがちだと認識されていると思います。

しかし自分は、むしろコストがかけられないといった制約条件が厳しくてにっちもさっちもいかない状況にこそ、デザインというものがカンフル剤として入っていかなくてはいけないと考えています。

実際、ネンドという事務所は不景気の中から生まれてきて好景気知らずの組織です。ただ、何とか生き残ってこられたのは、アイデアで勝負するという部分があったからじゃないかという気がします。

結局はたとえ不景気であろうが、「今あるリソース」をどううまく活用するかにかかっているんです。

10 ブレークスルーは「職人型」ではなく「発想型」から生まれる

「一緒に仕事をする外部のデザイン事務所を、どう選んでいいのかわからない」という声を聞きます。

よくあるパターンは、プロジェクト担当者がデザイン誌を読みあさってなんとなくフィーリングで決めたり、たまたま知り合いに紹介されたり、といったケース。

それはそれでいいと思うのですが、海外にはデザイナーのマッチングに特化した企業やエージェントが多数存在していることを考えると、真剣度合いには温度差がずいぶんあるようです。

選び方を間違えないようにするためには、まずはデザイン事務所が2つのタイプに大別されることを知っておくことが大切です。

1つは「職人型」。クライアントが作りたいものがはっきりしている場合、それをドンピシャで具現化する技術者です。

もう1つが「発想型」。クライアントの頭の中の漠然としたイメージを基に、企画開発から製造、販売、PR、広告宣伝に至るまでトータルで俯瞰し、コンセプトを提供することでメシを食っています。

医者にたとえるならば、「頭が痛い」と伝えることで頭痛薬を処方してくれる前者に対して、後者は「なんとなく調子が優れない」という曖昧な情報を基に独自の診断と治療を施し、予防するためのアドバイスをしてくれます。

一見すると後者のほうがよい結果を生みそうですが、依頼内容とは異なる提案や、部署間を横断しないと実現できない提案をすることもあるので、プロジェクトがダイナミックになる半面、担当者の裁量ではハンドリングし切れなくなるケースもあります。なので、どちらがよいとは一概に言えません。

ただ、世界に目を向けると、トップブランドは「発想型」にしか興味がありません。**「発想型」からしか真のブレークスルーは生まれない**からです。

一方日本では、その2つのタイプのバランスに偏りがあります。デザイナーというと「発想型」のほうが多そうですが、国内のデザイナーの99％以上は「職人型」。この歪みは高度経済成長期、メーカー内に技術重視の「インハウスデザイナー」が多数養成されたことに起因しています。

今後、国内にもっと「発想型」のデザイン事務所が増え、彼らの能力を活かせるようなプロジェクトが増えていけば、日の丸メーカー復活の足がかりとなるのかもしれません。

「発想型」の思考は「慣れ」の否定から

やってくるとだんだんわかってしまうことってあると思います。「これはこうやって作ったら、最後にはこういうことが起きる」といって、その選択肢をカットするというのは、まさに経験を積んだからこそできることで、非常に大事なことでもあります。しかし、自分はすごくもったいないというか、怖いと感じてしまいます。

1年前はそうだったかもしれないけれども、今の技術は少し違うんじゃないか。世の中のトレンドや空気感が変わっているとしたら、出口は必ずしもそうはならないかもしれない。「風が吹けば桶屋が儲かる」ではありませんが、ほんのちょっとしたことによってゴールは変わります。過去に10回やって毎回こうだったから、11回目もそうだと思い込んでしまうことのリスクを、より強く感じることが「発想型」への第一歩だと思うんです。

これまであったことの否定になりますが、ネガティブなニュアンスではありません。とてもポジティブなスタンスで、現状やそのプロセス、過去の経験などを否定できるかどうかが、とても大切なのです。

おわりに

「問題解決ラボ」というタイトルを改めて眺めてみて、「どんな問題もスイスイ解けるようになる」、そんな魔法のような方法論を期待されちゃいそうだな、と少々心配になりました。

実はそういうことではありません。残念ながら、1つの方法でどんな問題も解決できるほど、世の中は甘くないんですね。

では、どういうことなのか？

それは「問題を必ず解決する方法を見つける」のではなく、「必ず解決できる問題を見つける」こと。そういう問題は必ず解決できますからね（笑）。

言うなれば、答えを見ながら、それに合っている問題を算数ドリルの中から探す感じ。「3」になるための問題をどれにしようかな、と。

そう考えると、「1＋1＋1」でも「4－1」でも「6÷2」でもいいことがわかります。ある1つの答えを導いてくれる問題はいくつもあるから、その中から最もフィットするものを選ぶ感覚です。

マーケティングとは問題から答えを出す技術です。もちろん、正しい答えが出ないこともあります。デザイナーの思考は、まずは遠く離れたところにポーンと「答え」をイメージします。それは身近なものでも、夢のようなものでもいい。「仮の答え」でいいんです。全然。そして、それを意識しながら目の前に山積みになっている課題と照らし合わせて、それに合った「正しい問題」を見つけること。

これが、「問題解決ラボ」の正体です。

最初っから難題とにらめっこするのは、本当にシンドイ作業です。マイナスの状態からゼロに持っていくような気分ですから。行先は暗くて長い、出口のないトンネルのように感じます。がんばって進んでいくと、今度は背後も真っ暗になり、いよいよテンパってきます。そうなると、普段できることもなかなかできなくなるものです。

でも、デザイナーの考え方は「あんなことができたら面白いだろうな」「実現しちゃったらみんな喜ぶだろうな」という、常にワクワクした心境です。理想を思い描き、ひたすら妄想する作業なので、どこまでもプラス思考なのです。そして、脳も喜んでどんどん動いてくれます。自分でも驚くくらい。

この方法を使えば、これまで問題を上手に解決できずにさんざん頭を抱えてきた人も何かしら改善の糸口を見つけられるかもしれない。そう思い、1冊の本にまとめてみました。

読んでくださったみなさんが、素敵な「問題」が見つけられるようになることを心より願っています。

最後になりましたが、感謝の言葉を。本書の原稿の「オモテ面」は、もともと『週刊ダイヤモンド』で連載していた「デザイン目線　タテ・ヨコ・ナナメ」がベースになっています。そこに、「ウラ面」を加筆してできあがりました。連載を担当してくれたダイヤモンド社の池田光史さん、そして書籍の編集を担当してくれた廣畑達也さんの2人には、お世話になりました。また、ブックデザインを手がけてくださったアルビレオさんにも感謝です。ありがとうございました。

2015年1月

佐藤オオキ

[著者]
佐藤オオキ（さとう・おおき）
デザイナー。デザインオフィスnendo代表。
1977年カナダ生まれ。2000年早稲田大学理工学部建築学科首席卒業。2002年同大学大学院修了後、デザインオフィスnendo設立。「小さな“！”を感じてもらうこと」をコンセプトに、東京・ミラノ・シンガポールを拠点として、建築・インテリア・プロダクト・グラフィックと多岐にわたってデザインを手掛ける。
Newsweek誌「世界が尊敬する日本人100人」(2006年)、「世界が注目する日本の中小企業100社」(2007年)に選ばれる。また、Wallpaper*誌(英)およびELLE DECO International Design Awardをはじめとする世界的なデザイン賞を数々受賞。2015年にはMaison et Objet（仏）にて「Designer of the Year」を受賞。代表的な作品は、ニューヨーク近代美術館（米）、ヴィクトリア&アルバート博物館（英）、ポンピドゥー・センター（仏）など世界の主要な美術館に収蔵されている。2012年から早稲田大学非常勤講師。
著書に『ネンドノカンド』（小学館）、川上典李子氏との共著に『ウラからのぞけばオモテが見える』（日経BP社）がある。
ホームページ：www.nendo.jp

問題解決ラボ
――「あったらいいな」をかたちにする「ひらめき」の技術

2015年2月26日　第1刷発行

著　者――佐藤オオキ
発行所――ダイヤモンド社
〒150-8409　東京都渋谷区神宮前6-12-17
http://www.diamond.co.jp/
電話／03·5778·7236（編集）　03·5778·7240（販売）

ブックデザイン――アルビレオ
本文DTP――桜井淳
校正――――鷗来堂
製作進行――ダイヤモンド・グラフィック社
印刷――――加藤文明社
製本――――ブックアート
編集担当――廣畑達也

ISBN 978-4-478-02892-6